왕초보 고민해결
베이직 영어회화

왕초보 고민해결
베이직
영어회화

초판 인쇄 | 2014년 12월 15일
초판 발행 | 2014년 12월 20일
편저 | NH영어팀
펴낸곳 | 좋은친구
펴낸이 | 조병훈
디자인 | 디자인 감7
등록번호 | 제2013-000026호
주소 | 서울시 강북구 인수봉로 41길 19-1
전화 | 02-923-6718 팩스 | 02-6937-1195
E-mail | friendbooks@naver.com

ISBN 979-11-951404-5-9 13740

값 10,000원

* 잘못된 책은 바꿔드립니다.

왕초보 고민해결

베이직 영어회화

NH영어팀 편저

WIKTIONARY
BASIC ENGLISH
CONVERSATION

좋은친구

| 머리말 |

요즈음은 길을 가다 보면 흔히 외국인들을 볼 수 있습니다. 세계가 점점 좁아지고, 또 세계 속에서 한국의 위상이 높아지다 보니 많은 외국인들이 한국을 찾는 것 같습니다. 이렇게 교류가 많이 일어나고 좁아진 세상에서는 예전에는 꿈꿀 수 없었던 여러 가지 일들이 가능해지고 있습니다. 굳이 비싼 돈 들여 외국에 나가지 않더라도 국내에 거주하는 외국인을 통하여 외국의 문물과 사고방식을 얻을 수 있고, 꼭 알려주고 싶은 우리의 것도 쉽게 알려줄 수 있게 되었습니다.

하지만 이런 일이 가능하게 되는 전제 조건은 언어이고 그 중에서도 가장 많이 쓰이는 언어가 영어라는 사실은 우리 모두 잘 알고 있습니다. 잘 알고는 있지만 또 영어만큼 자신 없어 하는 것도 없는 것 같습니다. 그런데 신기한 것은 대부분 우리는 영어를 상당히 오래, 그리고 열심히 해왔다는 것입니다. 공부를 열심히 한 만큼 영어라는 언어에 대한 지식은 상당합니다. 하지만 영어를 원어민 앞에서 한 마디도 못하는 이상한 지식들이 대부분이죠.

이 책은 영어에 대한 지식보다 가장 간단한 영어부터 외국인 앞에서 말할 수 있게 하는 것이 목표입니다. 무조건 읽고, 쓰고, 말해봅시다. 그러면 정말로 자신감이 생기게 될 것입니다. 그리고 계속 말할 수 있는 영어가 쌓이다 보면 여러분의 머릿속에 쌓여 있던 영어에 대한 지식이 다른 의미로 살아나게 될 것입니다. 그 때 여러분은 더 고급의 영어회화 공부를 하면 됩니다.

다시 말해 이 책은 말할 수 있는 영어를 위한 첫걸음이자 더 높은 영어회화를 위한 기초 중의 기초입니다. 아무쪼록 이 책을 통하여 살아 있는 영어를 위한 첫 발을 떼시기 바랍니다.

"왕초보 고민해결 베이직영어회화"는 다음과 같은 특징으로 구성되었습니다.

- 우리가 흔히 일상생활에서 접할 수 있는 상황을 엄선하여 그 상황에 꼭 필요한 영어표현을 실었습니다.
- 각 영어 표현에는 그 표현에서 알아 두어야 할 설명, 또는 어휘를 달아 놓아 영어 초보자도 혼자서도 쉽게 공부할 수 있도록 하였습니다.
- 각 영어 표현에는 최대한 원어민의 발음과 가깝게 악센트가 있는 한글로 발음을 표기하여 누구나 쉽게 원어민의 발음을 듣고 말할 수 있도록 하였습니다.
- 각 상황마다 다이얼로그를 수록하여 방금 배운 표현을 복습하고 실제 대화에서는 어떻게 적용되는지 알 수 있도록 하였습니다.

|차 례|

unit 1. 일상의 기본 표현

01. 고마움 표현하기/ 12
02. 미안함 표현하기/ 14
03. 축하·기원 표현하기/ 16
04. 칭찬하기/ 18
05. 부탁하기/ 20
06. 도움 주고받기 / 22
07. 허락·양해 구하기/ 24
08. 시간 재촉하기/ 26
09. 좋아하는 것 말하기/ 28
10. 좋아하지 않는 것 말하기/ 30

unit 2. 만남과 인사

01. 간단한 인사와 자기 소개하기/ 34
02. 인사와 인사에 대답하기/ 36
03. 오랜만에 만났을 때 표현/ 38
04. 누군가를 소개하기/ 40
05. 헤어질 때 쓸 수 있는 표현/ 42

unit 3. 약속과 초대

01. 만남을 제의하기 / 46
02. 시간과 장소 정하기 / 48
03. 약속 장소에서 / 50
04. 약속의 변경·취소 / 52
05. 초대하기 / 54
06. 손님맞이하기 / 56
07. 손님 대접하기 / 58
08. 손님 배웅하기 / 60

unit 4. 간단한 대화하기

01. 출신 · 고향에 대해 / 64
02. 가족에 대해 / 66
03. 직업에 대해 / 68
04. 나이 · 결혼에 대해 / 70
05. 외모 · 성격에 대해 / 72
06. 여가 · 취미에 대해 / 74
07. 시간에 대해 / 76
08. 날짜 · 요일에 대해 / 78
09. 날씨 · 계절에 대해 / 80
10. 일기 예보에 대해 / 82

unit 5. 감정 표현하기

01. 기쁨 표현하기 / 86
02. 슬픔 표현하기 / 88
03. 근심 · 걱정 · 긴장 표현하기 / 90
04. 위로 · 격려 표현하기 / 92
05. 화 표현하기 / 94
06. 실망 · 비난 표현하기 / 96
07. 놀라움 표현하기 / 98
08. 무서움 표현하기 / 100
09. 불만 표현하기 / 102
10. 지겨움 · 지루함 표현하기 / 104

unit 6. 생각 말하기

01. 의견 묻기 / 108
02. 의견 말하기 / 110
03. 찬성 · 반대 표현하기 / 112
04. 모르거나 곤란한 질문을 받았을 때 / 114
05. 협상하기 / 116
06. 다시 말해 달라고 할 때 / 118
07. 이해를 했나 확인하기 / 120
08. 결심 · 유보 표현하기 / 122

unit 7. 전화하기

01. 전화 걸고 받기 / 126
02. 전화 바꿔 주기 / 128
03. 찾는 사람이 자리에 없을 때 / 130
04. 메시지 남기고 받기 / 132
05. 전화 트러블 / 134
06. 전화 끊기와 잘못 걸려 온 전화 받기 / 136

unit 8. 교통수단

01. 버스 이용하기 / 140
02. 지하철 이용하기 / 142
03. 기차 이용하기 / 144
04. 택시 이용하기 / 146
05. 자동차 이용하기 / 148
06. 자동차 빌리기 / 150
07. 길 묻기 / 152
08. 건물 안에서 위치 묻기 / 154

unit 9. 쇼핑하기

01. 물건 찾기 / 158
02. 옷 사기 / 160
03. 상품 추천하기 / 162
04. 마음에 들거나 마음에 들지 않을 때 / 164
05. 가격 흥정하기 / 166
06. 계산하기 / 168
07. 포장 · 배달 부탁하기 / 170
08. 반품 · 환불 · 교환 요청하기 / 172

unit 10. 식당에서

01. 식당 예약하기 / 178
02. 식당 입구에서 / 180
03. 주문하기 / 182
04. 식사 중 대화 / 184
05. 필요한 것 말하기 / 186
06. 식당에서 문제가 생겼을 때 / 188
07. 패스트푸드 식당에서 / 190

unit 11. 일상생활의 장소

01. 은행에서 / 194
02. 우체국에서 / 196
03. 세탁소에서 / 198
04. 헤어숍에서 / 200
05. 부동산중개소에서 / 202
06. 정비소 · 주유소에서 / 204
07. 극장에서 / 206
08. 도서관에서 / 208
09. 병원에서 / 210
10. 약국에서 / 212

unit 12. 여행하기

01. 비행기 예약하기 / 216
02. 탑승수속하기 / 218
03. 기내에서 / 220
04. 입국 심사 / 222
05. 수하물 찾기와 세관 심사 받기 / 224
06. 관광지에서 / 226
07. 호텔 예약하기 / 228
08. 호텔 체크인 / 230
09. 호텔 서비스 / 232
10. 호텔에서 문제가 생겼을 때 / 234
11. 호텔 체크아웃 / 236

New Situation English conversation

unit 1
일상의 기본 표현

01. 고마움 표현하기
02. 미안함 표현하기
03. 축하 · 기원 표현하기
04. 칭찬하기
05. 부탁하기
06. 도움 주고받기
07. 허락 · 양해 구하기
08. 시간 재촉하기
09. 좋아하는 것 말하기
10. 좋아하지 않는 것 말하기

01. 고마움 표현하기

Thank you.
땡 큐
감사합니다.

☞ 편한 사이에서는 Thanks.라고 표현하기도 합니다. '매우 고맙다'라는 표현은 Thank you very much., Thanks a lot. 등으로 말하면 됩니다.

Thank you for helping me.
땡 큐 포 헬핑 미
도와주셔서 감사합니다.

☞ '~해 주어서 고마워요.' 하고 고마운 것을 구체적으로 언급할 때 Thank you for ~.라는 표현을 쓸 수 있습니다.

That's very kind of you.
댓츠 베리 카인 더 뷰
아주 친절하시군요.

☞ '친절하게 대해 줘서 고마워요.'라는 말은 Thank you for your kindness.라는 말로 표현하면 됩니다.

I appreciate it.
아이 어프리쉬에이 릿
감사합니다.

☞ appreciate는 사람의 호의 등을 고맙게 생각할 때 쓸 수 있는 표현입니다.

How can I ever thank you?
하우 캔 아이 에버 땡 큐
어떻게 감사를 드려야 할까요?

☞ I don't know how to thank you.라고 해도 비슷한 의미의 표현입니다.

UNIT 1. 일상의 기본 표현

You're welcome.
유어 웰컴
천만에요.

☞ Thank you.에 대한 대답으로 자주 쓰이는 표현입니다. 비슷한 표현은 Don't mention it., It was nothing. 등이 있습니다.

My pleasure.
마이 플레줘
오히려 제가 더 기쁩니다.

☞ '내가 도울 수 있어서 기쁘다'라는 말은 I'm glad I could help.라는 표현으로 말하면 됩니다.

그럼, 말해 볼까요?

A는 도움을 준 B에게 고마움을 표현한다.

*A*_ 도와주셔서 감사합니다. The documents that you gave me were very useful.
*B*_ 천만에요. It's my pleasure to help you. Just give me a call if you need anything in the future.
*A*_ I appreciate it.
*B*_ I'm glad I could help.

A_ **Thank you for helping me.** 당신이 준 서류가 아주 유용했습니다.
B_ **You're welcome.** 당신을 돕게 되어서 기뻐요. 다음에도 필요한 것이 있으면 전화만 주세요.
A_ 고마워요.
B_ 내가 도울 수 있어서 기쁩니다.

02. 미안함 표현하기

Excuse me.
익스큐즈 미
실례합니다.

☞ Excuse me.는 사람 앞을 지나가거나 자리를 뜰 때, 또는 재채기나 트림을 했을 때 '미안합니다, 실례합니다'라는 의미로 쓰입니다.

I'm sorry.
아임 쏘리
미안합니다.

☞ 자신의 잘못을 사과할 때 쓰는 표현으로 '정말 미안합니다.'는 I'm really sorry.. 또는 I'm so sorry.로 말하면 됩니다.

I'm sorry to have kept you waiting.
아임 쏘리 투 해브 켑 츄 웨이팅
기다리게 해서 미안합니다.

☞ '~해서 미안합니다.'라는 표현은 I'm sorry to ~.라는 표현을 쓸 수 있습니다.
ex) I'm sorry to cause so much trouble. (너무 폐를 끼쳐 미안합니다.)

I'd like to apologize for my behavior yesterday.
아이드 라익 투 어팔러자이즈 포 마이 비헤이비어 예스터데이
어제 내 행동에 대해 사과하고 싶어요.

☞ apologize는 '사과하다'라는 뜻으로 정중한 느낌이 나는 표현입니다.

I hope you'll forgive me.
아이 홉 유월 퍼기입 미
용서해 주세요.

☞ '일부러 그런 것은 아니었어요.'라는 말은 I didn't mean it.라는 표현을 쓸 수 있습니다.

14

UNIT 1. 일상의 기본 표현

● That's OK.
● 댓츠 오케이
● 괜찮아요.

☞ 이 표현은 상대방의 사과에 '괜찮아' 하고 사과를 받아들이는 표현으로 비슷한 표현은 That's all right., It's okay. 등이 있습니다.

● Don't worry about it. These things happen.
● 돈 워리 어바웃 잇 디즈 띵즈 해펀
● 신경 쓰지 마세요. 흔히 일어나는 일이잖아요.

☞ These things happen.은 용서를 구하는 사람에게 '흔히 일어나는 일이니 걱정하지 마라'라는 의미의 표현입니다. We all make mistake.라고 해도 비슷한 의미의 표현입니다.

 그럼, 말해 볼까요?

A는 B에게 지난밤 술에 취해 자신이 했던 일을 사과한다.

***A*_** I feel terrible. 어제 내 행동에 대해 사과하고 싶어. I drank too much. I hope you'll forgive me.
***B*_** Your behavior was really odd, but 신경 쓰지 마. 흔히 일어나는 일이잖아.
***A*_** I won't make the same mistake again.
***B*_** I'm glad to hear this.

A_ 정말 끔찍해. **I'd like to apologize for my behavior yesterday.** 술을 너무 많이 먹었어. 용서해 줘.
B_ 네 행동은 좀 이상했지만 **don't worry about it. These things happen.**
A_ 다시는 그런 실수를 하지 않을게.
B_ 그 말을 들으니 기쁘군.

☞ odd : 이상한, 기묘한

15

 *03.* 축하 · 기원 표현하기

Congratulations!
컨그래츄레이션즈
축하해요!

☞ congratulations는 노력에 의한 성취를 축하한다는 뜻입니다. 참고로 생일이나 크리스마스, 신년을 축하할 때에는 congratulations를 쓰지 않는다는 것도 알아 두세요.

That's great!
댓츠 그레잇
잘됐다!

☞ 기쁜 소식을 들었을 때 '잘 됐다, 굉장하다'라는 의미의 표현은 That's great!, That's wonderful!, That's fantastic! 등이 있습니다.

Congratulations on your new baby!
컨그래츄레이션즈 온 유어 뉴 베이비
출산을 축하해요!

☞ '~에 대해 축하합니다!'라는 말은 Congratulations on ~!으로 표현하면 됩니다.
ex) Congratulations on your wedding! (결혼을 축하합니다.)

Happy anniversary!
해피 애너버-써리
기념일을 축하합니다!

☞ 축하나 축복을 할 때에는 Happy ~!라는 표현을 쓸 수 있습니다.

Happy birthday to you!
해피 버-쓰데이 투 유
생일을 축하합니다!

☞ 만약에 '27번째 생일을 축하해!'라고 한다면 Happy 27th birthday!라고 표현할 수 있습니다.

UNIT 1. 일상의 기본 표현

● Good luck!
- 굳 러억
- 행운을 빌어요!

☞ '행운이 따르기를 기원합니다!'라는 말은 I wish you the best of luck!으로 표현하면 됩니다.

● I hope things will turn out well for you.
- 아이 호웁 띵스 윌 터-언 아웃 웰 포- 유
- 당신의 모든 일이 잘 되길 바랄게요.

☞ turn out : ~이 되다

그럼, 말해 볼까요?

A는 딸을 낳은 B에게 축하 인사를 한다.

*A*_ Mark, I've just heard that you are a father.
*B*_ Yeah, I have a beautiful daughter.
A_ 출산을 축하해요!
*B*_ Thank you. I'm so happy now.

A_ 마크, 당신이 아버지가 됐다는 소식을 방금 들었어요.
B_ 예, 예쁜 딸을 낳았어요.
A_ **Congratulations on your new baby!**
B_ 고마워요. 나는 지금 너무 행복합니다.

04. 칭찬하기

- **Good job!**
- 굳 자압
- 잘했어요!

☞ 상대방이 어떤 일을 잘했을 때 칭찬하는 표현으로 비슷한 표현은 Well done!, Good work! 등이 있습니다.

- **Great!**
- 그레잇
- 대단하군요!

☞ 비슷한 표현은 Excellent!, Wonderful!, Amazing! 등이 있습니다.

- **I really like your tie!**
- 아이 리얼리 라이 큐어 타이
- 당신 타이가 정말 맘에 들어요.

☞ 상대방이 지니고 있는 무언가를 칭찬할 때에는 I really like your ~., That's a very nice ~. 등의 표현을 쓰면 됩니다.

- **What a lovely dress!**
- 왓 어 러블리 드레스
- 정말 아름다운 드레스군요!

☞ 감탄문의 형식으로 칭찬하는 표현으로 어순은 'What+a(an)+형용사+명사'의 형태가 됩니다.

- **You're an excellent cook!**
- 유어 언 엑썰런트 쿠욱
- 요리를 정말 잘 하시네요!

☞ 상대방을 칭찬할 때 You're an excellent ~.라는 표현을 쓸 수 있습니다.

UNIT 1. 일상의 기본 표현

● Thank you for saying so.
● 땡 큐 포 쎄잉 쏘우
● 그렇게 말해 주니 고마워요.

☞ 우리는 칭찬을 받으면 '뭘요.' 하면서 쑥스러워하는데 칭찬에는 Thank you. 하고 감사의 표현을 하는 것이 영어권 사람들에게는 자연스러운 행동입니다.

● You praise me too much.
● 유 프레이즈 미 투 머취
● 너무 과분한 칭찬을 하시네요.

☞ too much : 도저히 감당할 수 없는

그럼, 말해 볼까요?

A는 B가 요리한 음식에 대해 칭찬을 한다.

A These dumplings taste delicious! 요리를 정말 잘하는구나!
B Thank you. I'm glad you like them.
A And I really like your lasagna. It's out of this world.
B Oh! 칭찬이 너무 과분한데.

A_ 이 만두 정말 맛있는데! **You're an excellent cook!**
B_ 고마워. 네가 좋아해서 기뻐.
A_ 그리고 라자냐도 정말 마음에 들어. 이 세상 솜씨가 아닌 것 같아.
B_ 오! **You praise me too much.**

☞ dumpling : 고기만두

05. 부탁하기

Could you do me a favor?
쿠 쥬 두 미 어 페이버
부탁 하나 들어주시겠어요?

☞ do ~ favor : ~를 위해 힘쓰다, ~의 청을 들어주다

Could you possibly lend me your car?
쿠 쥬 파서블리 렌드 미 유어 카
혹시 차를 빌려줄 수 있어요?

☞ 상대방에게 '~해 줄 수 있어요?' 하고 부탁할 때에는 Could you (possibly) ~?, Do you think you could (possibly) ~? 등의 표현을 쓸 수 있습니다.

Would you mind lending me some money?
우 쥬 마인드 렌딩 미 썸 머니
돈 좀 빌려주시겠어요?

☞ Would you mind ~?도 상대방에게 부탁을 할 때 쓸 수 있는 표현입니다.

Would you please type these documents?
우 쥬 플리-즈 타잎 디-즈 다큐먼츠
이 서류 좀 타이핑해 주시겠어요?

☞ Would you에 please가 붙었으니 좀 더 정중하게 부탁하는 표현입니다.

Please say yes.
플리-즈 쎄이 예스
꼭 들어주셨으면 합니다.

☞ Don't say no.라고 해도 비슷한 의미의 표현입니다.

UNIT 1. 일상의 기본 표현

Sure.
슈어
물론이죠.

☞ 상대방의 부탁의 표현에 흔쾌히 수락할 때에는 Sure., All right., Okay. 등의 표현을 쓰면 됩니다.

I'm sorry, I can't.
아임 쏘리 아이 캔트
미안하지만, 안 됩니다.

☞ 상대방이 무리한 부탁을 할 때에는 You're asking too much.(저에게 너무 무리한 부탁을 하는군요.)라는 표현을 쓸 수 있습니다.

그럼, 말해 볼까요?

A는 B에 돈을 빌려 달라고 부탁을 한다.

A_ Bill? 부탁 하나 들어줄래요?
B_ Sure. What is it?
A_ 돈 좀 빌려주시겠어요?
B_ Usually I don't lend money, but I can make an exception for you. How much money would you like to borrow?
A_ I just need fifty dollars till I get my paycheck.

A_ 빌? **Could you do me a favor?**
B_ 그럼요. 뭔데요?
A_ **Would you mind lending me some money?**
B_ 보통 나는 돈을 빌려주지 않지만 당신은 예외로 할게요. 얼마나 빌리고 싶어요?
A_ 그냥 봉급날까지 50달러가 필요할 뿐이에요.

☞ paycheck : 봉급, 임금

21

06. 도움 주고받기

Can I help you?
캔 아이 헬 퓨
도와드릴까요?

☞ 만약에 '도움이 필요한가요?'라는 말은 Do you need any help?로 말하면 됩니다.

Can I give you a hand?
캔 아이 기 뷰 어 핸드
도와줄까요?

☞ give a hand는 구어에서 '도와주다'라는 뜻으로 자주 쓰이는 표현입니다.

Would you like me to wash the windows?
우 쥬 라익 미 투 워쉬 더 윈도우즈
내가 창문을 닦을까요?

☞ '내가 ~을 해 줄까요?'라는 표현은 Would you like me to ~?로 말하면 됩니다.

Would you like me to help you carry those boxes?
우 쥬 라익 미 투 헬프 유 캐리 도우즈 박시스
내가 박스 나르는 거 도와줄까요?

☞ '내가 ~하는 거 도와줄까요?'는 Would you like me to help you ~?라는 표현을 쓸 수 있습니다.

Thank you. That's very kind of you.
땡 큐 댓츠 베리 카인드 오 뷰
고마워요. 매우 친절하시군요.

☞ 도움 제의를 받거나 도움을 받았을 때는 Thank you. 하고 감사 표시하는 것을 잊지 마세요.

UNIT 1. 일상의 기본 표현

● No, that's OK. I can do it myself.
● 노우 댓츠 오케이 아이 캔 두 잇 마이쎌프
● 아니요, 괜찮아요. 나 혼자 할 수 있습니다.

☞ 상대방의 도움 제의나 호의에 대해 거절할 때에는 No, that's OK.라는 표현을 쓸 수 있습니다.

● That's all right. Thank you.
● 댓츠 올 라잇 땡 큐
● 괜찮습니다. 고마워요.

☞ '내가 처리할 수 있다'라는 말은 I can manage.로 표현할 수 있습니다.

 그럼, 말해 볼까요?

도어맨인 A는 손님 B가 박스 나르는 것을 보고 도와준다고 한다.

A Good morning, Mr. Jones. 제가 도와드릴까요?
B Hello, Martin. Yes, I need your help.
A What would you like me to do?
B Can you carry those boxes to my car?
A What about these files? Would you like me to carry them?
B 아니요, 괜찮아요. 내가 할 수 있어요. You are very helpful.

A_ 안녕하세요, 존스 씨. **Can I help you?**
B_ 안녕하세요, 마틴. 예, 좀 도와주세요.
A_ 무엇을 도와드릴까요?
B_ 저 박스들을 차로 날라 주시겠어요?
A_ 파일들은요? 그것들도 날라 드릴까요?
B_ **No, that's OK. I can do it myself.** 큰 힘이 됐어요.

07. 허락 · 양해 구하기

Do you mind if I smoke?
두 유 마인드 이프 아이 스모우크
담배를 펴도 될까요?

☞ 상대방에게 허락이나 양해를 구할 때 Do you mind if I ~?라는 표현을 쓸 수 있습니다.

Would you mind if I opened the window?
우 쥬 마인드 이 파이 오픈드 더 윈도우
창문을 열어도 될까요?

☞ 상대방에게 좀 더 정중하게 허락을 구하려면 Would you mind if I ~?, I wonder if I could possibly ~? 등의 표현을 쓰면 됩니다.

I wonder if I could possibly use your phone.
아이 원더 이 파이 쿠드 파써블리 유즈 유어 폰
내가 혹시 당신 전화를 써도 될지 모르겠군요.

☞ wonder : (정중한 부탁이나 질문에서) ~일지 모르겠다, ~일까 생각하다

Is it okay if I turn on the radio?
이즈 잇 오케이 이 파이 턴 언 더 레이디오우
라디오를 켜도 괜찮아요?

☞ 상대방에게 흔쾌히 허락할 때에는 Sure., Certainly. 등으로 말하면 됩니다.

No, I don't mind. / No, I wouldn't mind.
노우 아이 돈 마인드 / 노우 아이 우든 마인드
예, 저는 괜찮아요.

☞ mind는 '꺼리다'라는 뜻이 있으니 Do you mind ~?나 Would you mind ~?로 물었을 때 긍정의 대답은 No, I don't mind., No, I wouldn't mind.가 된다는 것을 알아 두세요.

UNIT 1. 일상의 기본 표현

● No, not at all.
● 노우 낫 애 롤
● 예, 괜찮아요.

☞ No, not at all.도 Do you mind ~?나 Would you mind ~?로 물었을 때 '그럼요, 괜찮아요'라는 긍정의 대답입니다.

● Sure. Go ahead.
● 슈어 고우 어헤드
● 그럼요. 그렇게 하세요.

☞ Go ahead.는 상대방이 허락이나 양해를 구할 때, '어서 하세요.'라는 의미로 쓰이기도 합니다.

그럼, 말해 볼까요?

휴대폰 배터리가 다 닳은 A는 B에게 전화를 써도 되냐고 묻는다.

***A*_** My battery is dead. **내가 혹시 당신 전화를 써도 될지 모르겠군요.**
***B*_** Sure, no problem. If it's not an international call, you can use mine.
***A*_** It's local. I just have to call my mother.
***B*_** Go ahead.

A_ 배터리가 다 닳았어요. **I wonder if I could possibly use your phone.**
B_ 물론이죠. 국제전화만 아니라면 내 전화를 쓰세요.
A_ 시내 전화에요. 어머니에게 전화를 해야 해서요.
B_ 어서 쓰세요.

08. 시간 재촉하기

Hurry up!
허-리 어업
서두르세요!

☞ 격의 없는 사이에서 상대방을 재촉할 때 간혹 Shake a leg!이라는 표현을 쓰기도 합니다.

Come on, we're going to be late.
컴 어언 위어 고잉 투 비 레잇
빨리 하세요, 늦겠어요.

☞ come on이 구어에서 명령형으로 쓰이면 '자, 가자, 덤벼라, 제발, 빨리 빨리' 등의 뜻을 나타내기도 합니다.

What's taking you so long?
왓츠 테이킹 유 쏘우 로옹
왜 이렇게 오래 걸려요?

☞ What's holding you up?이라고 해도 비슷한 표현입니다.

Can you hurry, please? I'm in a hurry.
캔 유 허-리 플리-즈 아임 인 어 허-리
서둘러 주시겠어요? 제가 좀 급합니다.

☞ in a hurry : 허둥지둥, 급히

Take your time.
테이 큐어 타임
천천히 하세요.

☞ take your time : (서두르지 않고) 천천히 하다
ex) Take your time and look around. (천천히 둘러보세요.)

UNIT 1. 일상의 기본 표현

Take it easy. We don't have to rush.
테이 킷 이-지 위 돈 햅 투 러쉬

진정해요. 우리 서두를 필요 없어요.

☞ rush : 서두르다, 돌진하다, 급히 행동하다

What's the hurry?
왓츠 더 허-리

뭐가 그렇게 급하세요?

☞ 만약에 시간이 충분하다고 말한다면 We have plenty of time.으로 말하면 됩니다.

그럼, 말해 볼까요?

약속 시간에 늦은 A는 B에게 서두르라고 말한다.

*A*_ 서둘러! We are already late!
*B*_ 진정해. 우리 서두를 필요 없어. They will wait for us.
*A*_ Mike will be mad if we are late again.
*B*_ Calm down. I'm almost ready.

A_ **Hurry up!** 우리 벌써 늦었어!
B_ **Take it easy. We don't have to rush.** 우릴 기다릴 거야.
A_ 우리가 또 늦으면 마이크가 화낼 거야.
B_ 진정 좀 해. 거의 다 됐어.

09. 좋아하는 것 말하기

Do you like soccer?
두 유 라익 싸커
축구 좋아하세요?

☞ 상대방에게 '~를 좋아하세요?'라고 물을 때에는 Do you like ~?라는 표현을 쓰면 됩니다.

What kind of sports do you like?
왓 카인 더브 스포츠 두 유 라익
어떤 스포츠를 좋아하세요?

☞ What kind of ~ do you like?는 상대방에게 '어떤 종류의 ~를 좋아하세요?'하고 물을 때 쓸 수 있는 표현입니다.

Who is your favorite singer?
후 이즈 유어 페이버릿 씽어
당신이 좋아하는 가수는 누구인가요?

☞ favorite : 몹시 좋아하는, 애용하는, 몹시 좋아하는 사람[물건]
ex) What's your favorite team? (좋아하는 팀이 어디에요?)

I like it. / I love it.
아이 라이 킷 / 아이 러 빗
예, 좋아해요.

☞ 무언가를 좋아하는 것을 나타낼 때 I like ~., 또는 I love ~.로 표현할 수 있습니다.

I'm crazy about jazz.
아임 크레이지 어바웃 재즈
나는 재즈에 푹 빠져 있어요.

☞ be crazy about ~ : ~에 열중한, ~에 반한
ex) He's crazy about video games. (그는 비디오 게임에 푹 빠져 있다.)

UNIT 1. 일상의 기본 표현

I'm very keen on fishing.
- 아임 베리 킨 언 피싱
- 나는 낚시를 정말 좋아해요.

☞ be keen on ~ : ~을 아주 좋아하는, ~에 열중하는

Driving cars is a lot of fun.
- 드라이빙 카즈 이즈 어 랏 어브 펀
- 운전하는 것은 정말 재미있어요.

☞ be a lot of fun : 아주 재미있다
ex) To play tennis is a lot of fun. (테니스를 치는 것은 아주 재미있다.)

 그럼, 말해 볼까요?

A는 B에게 축구를 좋아하느냐고 묻는다.

A 축구 좋아하세요?
B Yes, I love it.
A 좋아하는 팀이 어디에요?
B I'm a die-hard fan of Manchester United. I admire midfielder Ji-Sung Park.
A I like him, too. He's an excellent soccer player.

A_ Do you like soccer?
B_ 예, 좋아하죠.
A_ What is your favorite team?
B_ 맨체스터 유나이티드의 열렬한 팬이에요. 미드필더 박지성을 좋아하죠.
A_ 나도 박지성을 좋아해요. 아주 뛰어난 축구 선수예요.

☞ die-hard : 끝까지 버티는, 열렬한

10. 좋아하지 않는 것 말하기

I don't like comedies very much.
아이 돈 라익 카미디즈 베리 머취
코미디 영화는 별로 좋아하지 않아요.

☞ '~는 알레르기가 날 정도로 싫다'라는 표현은 be allergic to ~.로 표현할 수 있습니다.
ex) I'm allergic to snobbery. (나는 속물 근성을 정말 싫어한다.)

I can't stand cats.
아이 캔트 스탠드 캣츠
나는 고양이를 싫어해요.

☞ stand는 '서다'라는 뜻 이외에도 부정문이나 의문문에서 '참다, 견디다'라는 뜻을 나타내기도 합니다.

I hate it.
아이 헤이 릿
나는 그것이 정말 싫어요.

☞ I hate it.은 I don't like it.보다 좀 더 감정적으로 강한 의미를 나타냅니다.

It's boring.
잇츠 보어링
그것은 지루해요.

☞ bore는 '따분하게 만들다'라는 타동사이므로 '사물이 지루하다'고 할 때에는 It's boring.으로, '내가 지루하다'고 할 때에는 I'm bored.라고 표현한다는 것을 알아 두세요.

I'm not overenthusiastic.
아임 낫 오우버엔쑤지애스틱
나는 그렇게 열성적이지 않아요.

☞ overenthusiastic : 아주 열성적인

UNIT 1. 일상의 기본 표현

● **I am not keen on classical music.**
● 아임 낫 킨 언 클래시컬 뮤직
● 클래식 음악은 별로 좋아하지 않아요.

☞ keen은 위와 같이 '아주 좋아하는'의 뜻 외에 '간절히 ~하고 싶은, 열정적인, 명민한' 등의 뜻이 있으니 함께 알아 두세요.

● **I'm afraid I don't really enjoy going hiking.**
● 아임 어프레이드 아이 돈 리얼리 인조이 고우잉 하이킹
● 미안하지만 나는 하이킹을 별로 즐기지 않아요.

☞ hiking : 도보 여행, 하이킹

그럼, 말해 볼까요?

A는 B에게 어제 본 코미디 영화에 대해 이야기한다.

*A*_ I saw a hilarious comedy on TV last night. It was so funny.
*B*_ **나는 코미디 영화는 별로 좋아하지 않아.**
*A*_ What kind of movies do you like?
*B*_ Actually, I don't like watching movies. I'd rather read a book.

A_ 어젯밤 TV에서 정말 재미있는 코미디 영화를 봤는데 아주 웃겼어.
B_ **I don't like comedies very much.**
A_ 어떤 영화를 좋아하는데?
B_ 사실은 영화 보는 거 좋아하지 않아. 책을 읽는 게 더 좋지.

☞ hilarious : 명랑한, 즐거운, 웃음을 자아내는

테마별 생활 영단어

직업에 관한 단어

>> **public officer** 퍼블릭 오-피써 　　　　공무원
>> **carpenter** 카-펜터 　　　　목수
>> **lawyer** 로-이어 　　　　변호사
>> **office worker** 오-피스 워-커 　　　　사무원
>> **optician** 앞티션 　　　　안경사
>> **journalist** 저-널리스트 　　　　언론인
>> **shipper** 쉬퍼 　　　　운송업자
>> **architect** 아-커텍트 　　　　건축가
>> **bank president** 뱅크 프레저던트 　　　　은행장
>> **chef** 쉐프 　　　　주방장
>> **salesclerk** 세일즈클러-크 　　　　점원
>> **mechanic** 머캐닉 　　　　정비사
>> **professor** 프러페써 　　　　교수
>> **doctor** 닥터 　　　　의사
>> **nurse** 너-스 　　　　간호사
>> **politician** 팔러티션 　　　　정치인
>> **scientist** 싸이언티스트 　　　　과학자

New Situation English conversation

unit 2
만남과 인사

01. 간단한 인사와 자기 소개하기
02. 인사와 인사에 대답하기
03. 오랜만에 만났을 때 표현
04. 누군가를 소개하기
05. 헤어질 때 쓸 수 있는 표현

01. 간단한 인사와 자기 소개하기

Hello. I'm Junho Lee.
헬로우 아임 준호 리
안녕하세요. 저는 이준호입니다.

☞ Hello나 Hi는 '안녕하세요.'라는 뜻이지만 Hi가 Hello보다 좀 더 편한 사이에서 쓸 수 있는 표현입니다. 상대방에게 자기를 소개할 때에는 I'm [My name's] ~.로 말하면 됩니다.

Please call me Nick.
플리즈 콜 미 닉
저를 닉이라고 부르세요.

☞ 미국인들은 긴 이름은 부르기 쉽게 짧은 애칭으로 부릅니다. 예를 들어 Benjamin은 Ben으로, Katherine은 Kate로 줄여서 부르죠.

Nice to meet you.
나이스 투 밋 츄
만나서 반갑습니다.

☞ 처음 만났을 때 '반갑다'라는 의미로 자주 쓰이는 표현입니다. 비슷한 표현은 Pleased to meet you., Glad to meet you. 등이 있습니다.

How do you do?
하우 두 유 두우
처음 뵙겠습니다.

☞ How do you do?는 비즈니스나 격식 있는 자리에서 처음 만났을 때 쓸 수 있는 표현입니다. 대답도 How do you do?로 말하면 됩니다.

Let me introduce myself.
렛 미 인츄러듀스 마이셀프
제 소개를 하겠습니다.

☞ 형식이 필요한 자리에서 자기 자신을 소개할 때 쓸 수 있는 표현으로 비슷한 표현은 Allow me to introduce myself., I'd like to introduce myself. 등이 있습니다.

UNIT 2. 만남과 인사

What's your name?
- 왓 츄어 네임
- 이름이 어떻게 되세요?

☞ 좀 더 정중하게 이름을 묻는다면 May I have your name?, Can I have your name? 등으로 말하면 됩니다.

Shall I call you by your first name?
- 쉘 아이 콜 유 바이 유어 퍼스트 네임
- 이름을 불러도 되겠어요?

☞ first name은 이름을 말하고 성은 last name, 또는 family name이라고 합니다.

그럼, 말해 볼까요?

새로 이사 온 A는 옆집에 사는 B와 인사를 한다.

A_ 안녕하세요. 저는 이준호입니다. I just moved in.
B_ Hi. My name's Nicholas. Please call me Nick. 만나서 반갑습니다.
A_ Nice to meet you, too. Is there a supermarket nearby?
B_ There's one around the corner.
A_ Thanks, Nick.

A_ **Hello. I'm Junho Lee.** 방금 이사 왔습니다.
B_ 안녕하세요. 제 이름은 니콜라스입니다. 닉이라고 부르세요. **Nice to meet you.**
A_ 저 역시 만나서 반갑습니다. 이 근처에 슈퍼마켓이 있나요?
B_ 저 모퉁이에 하나 있습니다.
A_ 고마워요, 닉.

☞ move in : 이사 오다

02. 인사와 인사에 대답하기

Good morning! / Good afternoon! / Good evening!
굿 모닝 / 굿 애프터누운 / 굿 이브닝
안녕하세요! - 오전 / 오후 / 저녁 인사

☞ 격의 없는 사이에서는 Morning!, Afternoon!, Evening! 등으로 말하기도 합니다.

How are you?
하우 아 유
어떻게 지내세요?

☞ How are you?라는 인사 표현은 그냥 의례적인 인사말이므로 상대방도 자기의 상태가 좋지 않더라도 Fine., Good.등으로 대답하곤 합니다.

How are you doing?
하우 아 유 두잉
어떻게 지내세요?

☞ How are you?보다 좀 더 편한 사이에서 쓸 수 있는 표현으로 비슷한 표현은 How's it going?, How are things (with you)? 등이 있습니다.

Fine, thank you. How about you?
파인 땡 큐 하우 어바웃 유
잘 지내요. 당신은요?

☞ 아주 잘 지냈다면 Very well., Pretty good. 등으로 말하면 됩니다. How about you?는 상대방의 안부 인사에 대해 '당신은 어때요?' 하고 되묻는 표현입니다.

Can't complain.
캔트 컴플레인
아주 좋아요.

☞ 이 표현은 불평할 것이 없이 모든 것이 좋다는 표현입니다.

UNIT 2. 만남과 인사

● **Not bad.**
● 낫 배앳
● 그저 그래요.

☞ Not bad.는 그렇게 좋지도 않고 나쁘지도 않은 상태를 나타낼 때 쓸 수 있는 표현으로 So-so.라고 해도 비슷한 표현이 됩니다.

● **What's up?**
● 왓 써업
● 별일 없어요?

☞ 가까운 친구 사이에 쓸 수 있는 표현으로 What's new?라고 해도 비슷한 뜻입니다.

 그럼, 말해 볼까요?

A와 B는 약속 장소에서 만나 서로 인사를 한다.

*A*_ Hi, Jack! Come on in and sit down.
*B*_ Hi, Steve. 어떻게 지내?
*A*_ 잘 지내지. 너는 어때?
*B*_ Pretty good. How is work? I heard you got promoted to manager.
*A*_ Yeah, I was lucky.

A_ 안녕, 잭! 어서 와서 여기 앉아.
B_ 안녕, 스티브. **How are you?**
A_ **Fine, thanks. How about you?**
B_ 아주 잘 지내. 일은 잘 돼? 네가 매니저로 승진했다는 소식은 들었어.
A_ 응, 운이 좋았어.

37

03. 오랜만에 만났을 때 표현

I haven't seen you in a long time!
- 아이 해븐 씬 유 인어 롱 타임
- 정말 오랜만에 뵙는군요!

☞ 오랜만에 만났을 때 쓸 수 있는 표현으로 비슷한 표현은 I haven't seen you in years!, It's been a while! 등이 있습니다.

Long time no see!
- 롱 타임 노우 씨
- 정말 오랜만입니다!

☞ '이게 얼마 만입니까?'는 How long has it been?으로 표현하면 됩니다.

How have you been?
- 하우 해 뷰 비인
- 어떻게 지냈어요?

☞ How have you been?은 현재완료로 오랜만에 만난 사람에게 그동안 어떻게 지냈냐고 물을 때 쓸 수 있는 표현입니다.

You've changed beyond all recognition.
- 유브 체인쥐드 비욘드 올 레커그니션
- 당신 몰라보게 변했네요.

☞ beyond recognition : 옛 모습을 알아볼 수 없을 정도로

You haven't changed a bit.
- 유 해븐 체인쥐드 어 빗
- 당신 하나도 변하지 않았군요.

☞ You always look the same.이라고 말해도 비슷한 의미의 표현입니다. 만약 '더 좋아 보입니다.'라고 말한다면 You look better than ever.로 표현할 수 있습니다.

UNIT 2. 만남과 인사

Fancy meeting you here!
팬씨 미팅 유 히어
여기서 당신을 만나다니!

☞ fancy는 명령형으로 '생각해 봐라'라는 의미로 놀람을 나타내거나 주의를 촉구할 때 쓸 수 있는 표현입니다.

What a small world!
왓 어 스모올 워얼드
세상 정말 좁군요!

☞ 이 표현은 우리말에 '정말 세상 좁네!'라는 의미로 뜻밖의 장소에서 아는 사람을 만났을 때 쓸 수 있는 표현입니다.

그럼, 말해 볼까요?

A와 B는 오랜만에 만나 서로에 대해 이야기를 한다.

***A*_** Hi, Adam. **정말 오래간만이야.**

***B*_** Hi, Bob. Yes, It's been a while. **너 몰라보게 변했구나.** You grew a beard and cut your long hair. I almost didn't recognize you.

***A*_** Yes, I've changed a little bit. When was the last time we met?

***B*_** Oh, it's been a few years.

A_ 안녕, 아담. **I haven't seen you in a long time.**
B_ 안녕, 밥. 그래, 오래간만이다. **You've changed beyond all recognition.**
  턱수염도 기르고, 긴 머리도 자르고. 거의 못 알아볼 뻔했어.
A_ 그래, 내 모습이 조금 변했지. 우리가 마지막으로 만난 게 언제지?
B_ 음, 몇 년 됐을 거야.

04. 누군가를 소개하기

I'd like you to meet my friend, Anna.
아이드 라이 큐 투 **밋** 마이 프렌드 애너
내 친구 안나를 소개할게요.

☞ '당신에게 ~를 소개하겠습니다.'라는 표현은 I'd like you to meet ~., 또는 Let me introduce ~ to you.라는 표현을 쓸 수 있습니다.

Tom, this is Junho. Junho, this is Tom.
탐 디스 이즈 준호 준호 디스 이즈 탐
톰, 이쪽은 준호예요. 준호, 이쪽은 톰입니다.

☞ 편한 사이에서 '이 사람이 ~입니다.' 하고 누군가를 소개할 때에는 This is ~.라는 표현을 쓰면 됩니다.

Have you two met before?
해 **뷰 투** 멧 비포
두 사람 전에 서로 인사하신 적이 있나요?

☞ 이 표현은 '~한 적이 있나요?'라는 현재완료의 경험을 나타냅니다.

I've heard a lot of good things about you.
아이브 허드 어 랏 어브 굿 띵즈 어**바**웃 유
당신에 대해 좋은 말 많이 들었습니다.

☞ hear about : ~에 대해서 상세한 이야기를 듣다

I've always wanted to meet you.
아이브 올웨이즈 원티드 **밋** 유
꼭 한 번 만나보고 싶었습니다.

☞ '우리 좀 더 친해지기를 바랍니다.'는 I hope we get closer.로 표현할 수 있습니다.

UNIT 2. 만남과 인사

Mr. Johnson often speaks of you.
미스터 존슨 오펀 스픽스 어브 유

존슨 씨가 당신 얘기를 자주 하더군요.

☞ speak of는 '~대해 말하다'는 뜻으로 만약에 speak well[ill] of라고 하면 '~를 좋게[나쁘게] 말하다'는 의미가 됩니다.

I look forward to getting to know you.
아이 룩 포워드 투 게팅 투 노우 유

당신을 잘 알게 되기를 기대합니다.

☞ look forward to는 '~을 기대하다'라는 뜻으로 look forward to 다음에는 위와 같이 동명사가 온다는 것을 알아 두세요.

그럼, 말해 볼까요?

A는 B에게 친구 C를 소개한다.

A_ Elizabeth, 내 친구 안나를 소개할게.
B_ Hi, Anna.
A_ Anna, this is Elizabeth. We went to school together.
C_ Hello, Elizabeth. It's nice to meet you. 당신에 대해서는 좋은 말 많이 들었어요.

A_ 엘리자베스. **I'd like you to meet my friend, Anna.**
B_ 안녕하세요, 안나.
A_ 안나, 이쪽은 엘리자베스야. 우리 학교를 같이 다녔어.
C_ 안녕하세요, 엘리자베스. 만나서 반가워요. **I've heard a lot of good things about you.**

41

05. 헤어질 때 쓸 수 있는 표현

I have to go now.
아이 햅 투 고우 나우
이제 가 봐야겠어요.

☞ 이 표현은 헤어질 시간이 되어 가야 한다는 뜻으로 비슷한 표현은 I've got to go now., I should go now. 등이 있습니다.

Let's keep in touch.
렛츠 키 핀 터치
연락하면서 지내요.

☞ keep in touch : 연락하다, 편지 주다

I enjoyed talking with you.
아이 인조이드 토킹 위드 유
얘기 즐거웠어요.

☞ '~하는 것을 즐기다'라는 표현은 'enjoy+-ing'의 형태를 쓸 수 있습니다.
ex) I enjoy traveling around the country. (나는 전국을 여행하는 것을 즐긴다.)

Good-bye!
굿-바이
잘 가요! / 안녕히 계세요!

☞ Good-bye.는 헤어질 때 쓰는 인사 표현으로 비슷한 표현은 So long., Bye., See you. 등이 있습니다.

Take it easy!
테이 킷 이지
잘 있어요! / 잘 가요.

☞ take it easy는 '여유를 가지고 천천히 하다, 맘 편히 하다'의 뜻이 있지만 헤어질 때 인사로 쓰이기도 합니다. Take care.도 비슷한 의미의 표현입니다.

UNIT 2. 만남과 인사

See you tomorrow!
- 씨 유 터마로우
- 내일 봐요.

☞ see you 뒤에 몇 가지 단어를 붙여 아래와 같이 여러 가지 표현을 만들 수 있습니다.
ex) See you on Monday. (월요일에 보자.) See you soon. (조만간에 또 보자.)

Say hello to your family.
- 쎄이 헬로우 투 유어 패멀리
- 당신 가족에게 안부 전해 주세요.

☞ '~에게 안부를 전해 주세요.'는 Say hello to ~.라는 표현을 쓰면 됩니다.

그럼, 말해 볼까요?

A는 B와 즐거운 시간을 보내고 헤어진다.

*A*_ I had a really good time with you guys, but 이제 가 봐야겠어.
*B*_ Do you really have to go?
*A*_ Yes. I promised my wife to be home early. If I'm late, she will be mad at me.
*B*_ OK. Let's get together soon. 잘 가!
*A*_ See you!

A_ 너희와 정말 즐겁게 잘 보냈어. 하지만 **I have to go now.**
B_ 정말 가야 돼?
A_ 그래. 아내에게 일찍 간다고 약속했거든. 내가 늦으면 아내가 화낼 거야.
B_ 알았어. 곧 다시 만나자. **Bye!**
A_ 잘 있어!

☞ get together : 모이다, 만나다   be mad at ~ : ~에게 화나다

테마별 생활 영단어

취미에 관한 단어

>> **reading** 리-딩   독서
>> **fishing** 피싱   낚시
>> **play** 플레이   연극
>> **movie** 무-비   영화
>> **traveling** 츄래블링   여행
>> **music** 뮤-직   음악
>> **photo** 포우토우   사진
>> **hunting** 헌팅   사냥
>> **chess** 체스   체스
>> **skiing** 스키-잉   스키
>> **dance** 댄스   춤
>> **computer game** 컴퓨-러 게임   컴퓨터 게임
>> **collection** 컬렉션   수집
>> **mountain climbing** 마운턴 클라이밍   등산
>> **painting** 페인팅   그림
>> **cooking** 쿠-킹   요리
>> **knitting** 니팅   뜨개질

New Situation English conversation

unit 3
약속과 초대

01. 만남을 제의하기
02. 시간과 장소 정하기
03. 약속 장소에서
04. 약속의 변경 · 취소
05. 초대하기
06. 손님맞이하기
07. 손님 대접하기
08. 손님 배웅하기

01. 만남을 제의하기

Are you doing anything tonight?
아 유 두잉 애니씽 터나잇
오늘 저녁에 무슨 할 일이 있습니까?

☞ 상대방에게 '~에 무슨 할 일이 있어요?' 하고 만남을 제의할 때에는 Are you doing anything ~?로 말할 수 있습니다.

What are you doing on Friday?
왓 아 유 두잉 언 프라이데이
금요일에 뭐 할 거예요?

☞ '이번 주말에 무슨 계획이 있어요?'는 Do you have any plans for this weekend?로 말할 수 있습니다.

How about tomorrow?
하우 어바웃 터마로우
내일은 어때요?

☞ '~는 어때요?' 하고 상대방의 생각을 묻거나 제안할 때 How about ~?라는 표현을 쓰면 됩니다.

Do you have time tomorrow?
두 유 해브 타임 터마로우
내일 시간 있어요?

☞ 상대방에게 '~에 시간이 있습니까?'라고 물을 때에는 Do you have time ~?, Are you free ~? 등으로 말할 수 있습니다.

Would you like to see a musical?
우 쥬 라익 투 씨 어 뮤지컬
뮤지컬 보러 갈래요?

☞ Would you like to ~?는 상대방에게 '~하겠어요?' 하고 제안을 하거나 초대를 할 때 쓸 수 있습니다.

46

UNIT 3. 약속과 초대

I have no particular engagements.
아이 해브 노우 퍼티큘러 인게이쥐먼츠
특별한 약속 없어요.

☞ engagement : 약속, 업무

Sorry, I'm afraid I'm busy tonight.
쏘리 아임 어프레이드 아임 비지 터나잇
미안하지만, 오늘 저녁은 바쁩니다.

☞ '그 날은 다른 약속이 있어요.'라고 말한다면 I'm afraid I have another appointment for that day.로 말할 수 있습니다.

그럼, 말해 볼까요?

A는 B와 데이트하기 위해 만날 약속을 한다.

*A*_ Hi, Jenny. I really like the smell of your new perfume.
*B*_ Oh, thank you very much.
*A*_ You're welcome. Jenny, **금요일에 뭐 할 거야?** Would you like to see a musical?
*B*_ Sorry, I can't. I'm working late.
*A*_ How about having dinner on Saturday?
*B*_ That sounds like a good idea.

A_ 안녕, 제니. 새로 산 향수 냄새가 정말 좋은데.
B_ 아, 고마워요.
A_ 천만에. 제니, **what are you doing on Friday?** 뮤지컬 보러 갈래?
B_ 미안하지만, 못 가요. 늦게까지 일해야 돼요.
A_ 토요일에 저녁 먹는 것은 어때?
B_ 좋아요.

02. 시간과 장소 정하기

What time shall we make it?
왓 타임 쉘 위 메이 킷
우리 몇 시에 만날까요?

☞ make it은 '제시간에 도착하다, (장소에) 이르다, 제대로 수행하다' 등 여러 가지 뜻이 있지만 여기에서는 '만나기로 하다'라는 뜻으로 쓰였습니다.

What time is good for you?
왓 타임 이즈 굿 포 유
몇 시에 만나면 좋겠어요?

☞ When would it be most convenient for you?라고 해도 비슷한 표현입니다.

How about seven o'clock?
하우 어바웃 쎄번 어클락
7시가 어때요?

☞ '7시면 괜찮겠어요?'라는 말은 Is seven o'clock all right?으로 말할 수 있습니다.

Where shall we meet?
웨어 쉘 위 미잇
우리 어디에서 만날까요?

☞ You pick the place.라고 하면 '당신이 정해요.'라는 말이 됩니다.

Is there a good place to meet?
이즈 데어 러 굿 플레이스 투 미잇
만날 만한 좋은 장소가 있어요?

☞ 생각해 둔 장소가 있는지를 상대방에게 묻는다면 Do you have any place in mind?로 말하면 됩니다.

UNIT 3. 약속과 초대

I'll see you at 7 o'clock in front of Kyobo Book Centre.
아일 씨 유 앳 쎄번 어크락 인 프런트 어브 교보 북 센터
7시에 교보문고 앞에서 만나요.

☞ in front of ~ : ~의 앞에, ~의 정면에

I'll pick you up at 6 o'clock.
아일 픽 유 업 앳 씩스 어크락
6시 정각에 당신을 태우러 갈게요.

☞ 차나 배 등으로 사람이나 물건을 도중에서 태울 때 pick up이라는 표현을 쓰면 됩니다.
ex) Should I go to the airport to pick up Bill? (빌을 데리러 공항에 가야 하나요?)

그럼, 말해 볼까요?

영화를 보기로 한 A와 B는 만날 시간과 장소를 정한다.

A_ 우리 몇 시에 만날까?
B Let's meet at seven. I think the movie starts at about seven-thirty.
A_ 어디에서 만나지?
B There's a convenience store near the movie theater. We could meet there.

A_ **What time shall we make it?**
B_ 7시에 만나자. 영화가 7시 30분에 시작하는 것 같아.
A_ **Where shall we meet?**
B_ 영화관 옆에 편의점이 하나 있어. 거기에서 만나자.

03. 약속 장소에서

Why isn't he here yet?
와이 이즌 히 히어 옛
왜 아직 안 오지?

☞ yet는 부정문에서 '아직 ~않다'의 뜻이고 의문문에서는 '벌써'의 뜻을 나타냅니다. 보통 yet는 부정문과 의문문에서 쓰이고 비슷한 뜻인 already는 긍정문에서 쓰입니다.

He should have been here already.
히 슈드 해브 빈 히어 올레디
벌써 여기 왔어야 하는데.

☞ 'should have+과거분사'는 '~했어야 했는데 하지 못했다'라는 의미이므로 위의 표현은 '벌써 도착했어야 했는데 아직 도착하지 않았다'라는 뜻을 나타냅니다.

He was supposed to be here by now.
히 워즈 서포우즈드 투 비 히어 바이 나우
지금쯤이면 여기에 와 있어야 하는데요.

☞ '~하기로 되어 있는 것', 또는 '그렇게 약속된 것'을 나타낼 때에는 be supposed to ~라는 표현을 쓸 수 있습니다.

What's taking him so long?
왓츠 테이킹 힘 쏘우 로옹
그가 왜 이렇게 늦는 거죠?

☞ '당신 왜 이렇게 늦었어요?'라는 말은 What took you so long?으로 말할 수 있습니다.

What happened? We were supposed to meet at 7.
왓 해펀드 위 워 서포우즈드 투 밋 앳 쎄번
어떻게 된 거예요? 우리 7시에 만나기로 했잖아요.

☞ '걱정하고 있었어요.'라는 표현은 I was getting worried.로 말할 수 있습니다.

UNIT 3. 약속과 초대

When will you get here?
웬 윌 유 겟 히어
언제 여기로 올 거예요?

☞ 금방 도착한다면 I'll be right there.로, '거의 다 왔다.'라는 말은 I'm almost there.라고 하면 됩니다.

I'm guessing another 10 minutes.
아임 게싱 어나더 텐 미니츠
10분 정도 더 걸릴 것 같아요.

☞ guess : 추측[짐작]하다, ~일 것 같다

그럼, 말해 볼까요?

A는 기다리던 친구가 오지 않자 B에게 전화를 걸어 확인한다.

A Hi, Jenny. This is Justin. Is Kevin there? I've been waiting for him for almost an hour. 벌써 여기에 왔어야 하는데.

B No, he's not here.

A 케빈이 왜 이렇게 늦는 거지?

B I've heard on the radio that there is a huge traffic jam downtown. I'm sure he will be there soon.

A_ 안녕, 제니. 저스틴이야. 케빈 있니? 나 거의 한 시간 동안 케빈을 기다리고 있어. **He should have been here already.**
B_ 케빈 여기 없는데.
A_ **What's taking him so long?**
B_ 시내에는 교통체증이 심하다고 라디오에서 들었어. 조금 있으면 도착할 거야.

04. 약속의 변경 · 취소

Why don't you make it a little earlier?
와이 돈 츄 메이 킷 어 리를 어얼리어
좀 일찍 만나는 게 어때요?

☞ 상대방에게 '~하는 게 어때요?' 하고 가볍게 제안할 때에는 Why don't you ~?라는 표현을 쓰면 됩니다.

I'd like to change the time to 8 o'clock.
아이드 라익 투 췌인지 더 타임 투 에잇 어클라억
시간을 8시로 바꾸고 싶어요.

☞ change A to[into] B : A를 B로 바꾸다

I'd rather make it just a little bit later if you don't mind.
아이드 래더 메이 킷 저스 터 리를 빗 레이러 이 퓨 돈 마인드
당신이 괜찮다면 조금 늦게 만났으면 하는데요.

☞ would rather는 '오히려 ~하고 싶다, ~하는 편이 더 낫다'라는 뜻으로 prefer to와 비슷한 뜻입니다.

Can we move it up an hour?
캔 위 무-브 잇 업 언 아워
한 시간 앞당길 수 있을까요?

☞ move up : (시간이나 날짜를) 앞당기다

I'm sorry to let you down, but I can't go to the meeting tonight.
아임 쏘리 투 렛 유 다운 벗 아이 캔트 고우 투 더 미팅 터나잇
실망시켜 미안하지만, 오늘밤 모임에 못 갈 것 같아요.

☞ let ~ down : ~의 기대를 저버리다, ~를 실망시키다

UNIT 3. 약속과 초대

I'm afraid we have to push back our appointment.
- 아임 어프레이드 위 햅 투 푸쉬 **백** 아워 어**포**인먼트
- 미안하지만 우리 약속을 연기해야 할 것 같습니다.

☞ push back : 뒤로 밀어내다

I'm sorry, but I have to cancel our appointment.
- 아임 **쏘**리 벗 아이 햅 투 **캔**쓸 아워 어**포**인먼트
- 미안하지만 우리 약속을 취소해야겠어요.

☞ 급한 일이 생겼다면 Something urgent came up.으로 말하면 됩니다.

그럼, 말해 볼까요?

A는 B에게 전화를 걸어 약속 시간을 변경한다.

*A*_ Hello. John. Can we move our appointment up an hour or two? **좀 급한 일이 생겨서요.**
*B*_ Sure. When would you like to meet?
*A*_ **약속 시간을 8시로 바꿨으면 해요.**
*B*_ OK. Let's meet at 8, then.

A_ 여보세요. 존. 우리 약속을 한 두 시간 앞당길 수 있을까요? **Something urgent came up.**
B_ 그러죠. 언제 만날까요?
A_ **I'd like to change the time to 8 o'clock.**
B_ 좋아요. 그러면 우리 8시에 만나죠.

05. 초대하기

Would you like to come to my house for dinner?
우 쥬 라익 투 **컴** 투 마이 하우스 포 **디**너
우리 집에 저녁 식사하러 오시겠어요?

☞ Would you like to ~?는 '~하시겠어요?'라는 뜻으로 상대방을 초대할 때 쓸 수 있는 표현입니다.

We're having a party tonight. Can you come?
위어 **해**빙 어 **파**-티 터나잇 캔 유 **컴**
오늘 저녁에 파티를 하는데 오실래요?

☞ Can you come?과 비슷한 표현은 Would you be able to come?, Can you make it? 등이 있습니다.

I have 2 tickets for tomorrow's movie. Shall we go together?
아이 햅 **투** 티킷츠 포 터모-로우즈 **무**비 쉘 **위** 고우 터게더
내일 영화표가 두 장 있는데 같이 갈래요?

☞ go together는 글자 그대로 '함께 가다'라는 뜻인데 서로 잘 어울리거나 조화될 때 이 표현을 쓰기도 합니다.

Tom and I are getting together tonight. Do you want to join us?
탐 앤 **아**이 아 게링 터**게**더 터나잇 두 유 원 투 조인 어스
톰과 나는 오늘밤에 만나기로 했어요. 같이 만날래요?

☞ get together : 만나다, 모이다

I'd love to.
아이드 **럽** 투
좋아요.

☞ I'd love to.는 상대방의 초대에 기꺼이 응하겠다는 표현으로 비슷한 표현은 That sounds great., I'd be happy to., That would be great. 등이 있습니다.

UNIT 3. 약속과 초대

Thank you for inviting me.
땡 큐 포 인**바**이링 미

초대해 주셔서 고맙습니다.

☞ 어떤 것에 감사하다는 말은 Thank you for ~.라는 표현을 쓰면 됩니다.

Sorry, but I'm afraid I can't.
쏘리 벗 아임 어프레이드 아이 캔트

미안하지만 갈 수 없을 것 같아요.

☞ 상대방에게 부드럽게 유감을 나타낼 때에는 I'm afraid라는 표현을 쓸 수 있습니다.

 그럼, 말해 볼까요?

A는 B를 파티에 초대한다.

*A*_ Hi, Nick. Do you have any plans for tonight?
*B*_ No, I don't have any plans. What are you up to?
*A*_ 오늘 저녁에 파티를 하려고 하는데 올 수 있니?
*B*_ That sounds great. I'll bring some food.
*A*_ Great. See you at 7 o'clock.

A_ 안녕, 닉. 오늘 저녁에 무슨 계획이 있어?
B_ 아니, 특별한 계획 없어. 뭐 하려고 하는데?
A_ **We're having a party tonight. Can you come?**
B_ 좋지. 내가 음식 좀 가져갈게.
A_ 좋아. 7시에 보자.

☞ be up to ~ : ~을 꾀하다

06. 손님 맞이하기

Welcome to my home.
웰컴 투 마이 홈
우리 집에 오신 걸 환영합니다.

☞ '~에 온 것을 환영한다.'라는 표현은 Welcome to ~.라는 표현을 쓸 수 있습니다.
ex) Welcome to Seoul. (서울에 오신 걸 환영합니다.)

Please, come on in.
플리즈 컴 언 인
어서 들어오세요.

☞ come on in은 명령문에서 '자, 들어오세요.'라는 뜻을 나타냅니다.

Let me take your coat.
렛 미 테이 큐어 코트
코트를 이리 주세요.

☞ '내가 ~해 줄게요.' 하고 상대방에 무언가를 해줄 때에는 Let me ~.라는 표현을 쓸 수 있습니다.

Here, take a seat.
히어 테이 커 씨잇
여기에 앉으세요.

☞ take a seat : 자리에 앉다

Please make yourself at home.
플리즈 메익 큐어셀프 앳 홈
편하게 있으세요.

☞ at home : 마음 편히, 편히

UNIT 3. 약속과 초대

I'm so glad you could come.
아임 **쏘우** 글랫 유 쿠드 **컴**
와 주셔서 정말 기쁩니다.

☞ '~해서 기쁘다'는 I'm glad ~.로 표현할 수 있습니다.

Do you mind if I look around your house?
두 유 마인드 이 파이 **룩** 어라운드 유어 **하우스**
집을 좀 구경해도 될까요?

☞ '집 구경을 시켜줄게요.'는 I'll take you on a tour of the house.라는 표현으로 말할 수 있습니다.

그럼, 말해 볼까요?

A는 집에 놀러 온 B를 맞이한다.

A _ **우리 집에 온 걸 환영해.** Come on in.
B _ You don't have much furniture. I really like this minimalist interior design.
A _ Oh, thank you. Take a seat, here. **집처럼 편하게 생각해.** Do you want some coffee?
B _ Yes, please.

A_ **Welcome to my home.** 어서 들어와.
B_ 가구가 많지 않구나. 나는 이런 절제된 인테리어 디자인이 좋아.
A_ 오, 고마워. 여기에 앉아. **Make yourself at home.** 커피 좀 줄까?
B_ 그래.

☞ minimal : 최소의, 극소의

07. 손님 대접하기

Would you like something to drink?
우 쥬 라익 썸씽 투 드링크
뭐 마실 것 좀 드릴까요?

☞ 어떤 것을 마시고 싶으냐고 묻는다면 What would you like to drink?라고 하면 됩니다.

Do you want some coffee?
두 유 원 썸 커피
커피 좀 줄까요?

☞ '예, 주세요.'라고 한다면 Yes, please., 먹고 싶지 않다면 No, thank you.로 말하면 됩니다.

Help yourself, please.
헬 퓨어셀프 플리-즈
많이 드세요.

☞ help oneself는 '하고 싶은 대로 하라'라는 뜻으로 식사할 때 이 표현을 쓰면 '마음껏 드세요.'라는 뜻이 됩니다.

Take your time eating.
테이 큐어 타임 이-팅
천천히 드세요.

☞ 상대방에게 어떤 일을 서두르지 말고 천천히 하라고 할 때에는 Take your time.이라는 표현을 쓰면 됩니다.

Let me know if you need anything.
렛 미 노우 이프 유 니-드 에니띵
필요하신 게 있으면 말씀하세요.

☞ If you need something else, just tell me.라고 해도 비슷한 표현입니다.

UNIT 3. 약속과 초대

How does it taste?
- 하우 더즈 잇 테이스트
- 맛이 어떠세요?

☞ 맛을 물을 때에 이 표현 외에도 How do you like it?, Do you like it? 등의 표현을 쓸 수 있습니다.

Try some of this.
- 츄라이 썸 오브 디스
- 이 음식 좀 드셔 보세요.

☞ '~을 해 보다, 시도하다'는 try라는 동사로 표현할 수 있습니다.
ex) Try to laugh as much as possible. (가능하면 많이 웃으려고 해 보세요.)

그럼, 말해 볼까요?

A는 추수감사절에 집에 온 손님에게 저녁을 대접한다.

*A*_ Hello, everybody! Our Thanksgiving dinner is ready. Let's move to the dining room.
*B*_ Everything looks great! Let me try this roasted turkey first.
*A*_ **많이 드시고 필요한 것이 있으면 알려주세요.**
*B*_ This Thanksgiving meal is elaborate.

A_ 자, 여러분! 추수감사절 만찬이 준비됐습니다. 식당으로 가시죠.
B_ 모든 음식이 맛있어 보이네요! 먼저 이 구운 칠면조 요리를 먹어 봐야겠어요.
A_ **Help yourself, please. Let me know if you need anything.**
B_ 추수감사절 식사를 준비하시느라고 신경 많이 쓰셨군요.

☞ elaborate : 공들인, 고심하여 만들어 낸

08. 손님 배웅하기

I think it's time for me to leave.
아이 띵크 잇츠 타임 포 미 투 리-브
이제 갈 시간이 됐네요.

☞ '~할 시간이다'라는 표현은 It's time ~.로 표현할 수 있습니다.

Why don't you stay a little longer?
와이 돈 츄 스테이 어 리를 롱거
좀 더 계시지 그러세요?

☞ little은 부정관사 a가 붙으면 '약간의'라는 긍정의 뜻을 갖고 a가 없으면 '거의 없다'는 부정의 뜻을 나타냅니다.

Are you sure you have to leave now? It's still early.
아 유 슈어 유 햅 투 리-브 나우 잇츠 스틸 어얼리
정말 지금 가야 합니까? 아직 이른 시간인데요.

☞ still은 부사로 '아직'이라는 뜻 외에 형용사로 '조용한, 정지한, 잔잔한'의 뜻이 있으니 이 뜻도 알아두세요.

Thank you for a lovely dinner.
땡 큐 포 러 러브리 디너
훌륭한 저녁 식사 감사합니다.

☞ 저녁이 아주 맛있었다라고 한다면 Dinner was very delicious.라고 하면 됩니다.

Thanks for inviting us into your home.
땡스 포 인바이링 어스 인투 유어 호움
우리를 집으로 초대해 주셔서 고맙습니다.

☞ '와 줘서 고맙다'라는 표현은 Thank you for coming.으로 말하면 됩니다.

UNIT 3. 약속과 초대

Did you have a good time?
- 디 쥬 해 버 굳 타임
- 즐거운 시간이 됐나요?

☞ 비슷한 의미의 표현은 Did you have fun?, Did you enjoy yourself? 등이 있습니다.

Give my regards to your family.
- 기브 마이 리가즈 투 유어 패멀리
- 당신 가족에게 안부 전해 주세요.

☞ Give my regards to ~.는 '~에게 안부 전해 주세요.'라는 표현입니다.

그럼, 말해 볼까요?

B의 집에 놀러 온 A는 갈 시간이 되어 B와 인사를 한다.

A_ 이제 갈 시간이 된 것 같아요.
*B_* Why don't you stay a little longer? It's still early.
*A_* I have to go now. I have a business meeting tomorrow.
훌륭한 저녁 식사 고맙습니다.
*B_* I'm glad you could come. I hope you'll come again soon.

A_ **I think it's time for me to leave.**
B_ 좀 더 계시지 그러세요? 아직 이른 시간인데.
A_ 지금 가야 합니다. 내일 회의가 있거든요. **Thank you for a lovely dinner.**
B_ 와 주셔서 기뻤어요. 조만간에 또 오시기를 바랄게요.

61

테마별 생활 영단어

집에 관한 단어

>> **house** 하우스	집
>> **room** 룸	방
>> **kitchen** 키친	주방
>> **bedroom** 베드룸	침실
>> **living room** 리빙 룸	거실
>> **dining room** 다이닝 룸	식당
>> **first floor** 퍼–스트 플로어	1층
>> **second floor** 쎄컨드 플로어	2층
>> **stair** 스테어	계단
>> **floor** 플로어	마루
>> **basement** 베이스먼트	지하실
>> **study** 스터디	서재
>> **window** 윈도우	창문
>> **garden** 가–든	정원
>> **door** 도–어	문
>> **yard** 야–드	마당
>> **porch** 포–취	현관

New Situation English conversation

unit 4
간단한 대화하기

01. 출신·고향에 대해
02. 가족에 대해
03. 직업에 대해
04. 나이·결혼에 대해
05. 외모·성격에 대해
06. 여가·취미에 대해
07. 시간에 대해
08. 날짜·요일에 대해
09. 날씨·계절에 대해
10. 일기 예보에 대해

01. 출신 · 고향에 대해

Where are you from?
웨어 아 유 프럼
어디 출신이세요?

☞ 상대방의 고향이나 출신을 물을 때에는 Where are you from?, Where do you come from?이라고 말하면 됩니다.

I'm from the United States.
아임 프럼 디 유나이티드 스테이츠
미국에서 왔습니다.

☞ I'm from ~.은 자기의 출신을 말할 때 쓸 수 있는 표현입니다.

Where in the United States?
웨어 인 디 유나이티드 스테이츠
미국 어디에서 왔나요?

☞ Where in the United States?는 구체적인 도시 명을 묻는 표현으로 What city are you from?의 뜻입니다.

What's it like there?
왓츠 잇 라익 데어
거기는 어때요?

☞ What ~ like?는 '~는 어때요?'라는 뜻으로 how와 같은 의미의 표현입니다.

I'd love to go there sometime.
아이드 럽 투 고우 데어 썸타임
언제 거기에 한 번 가보고 싶어요.

☞ '~하고 싶다'라는 말은 I'd love to ~., 또는 I'd like to ~.로 표현할 수 있습니다.
ex) I'd like to have coffee. (커피를 마시고 싶다.)

UNIT 4. 간단한 대화하기

How long have you lived in Seoul?
- 하우 롱 해 뷰 리브드 인 서울
- 서울에는 얼마 동안 사셨어요?

☞ 사는 곳을 묻는다면 Where do you live?라고 하면 됩니다.

How do you like living here?
- 하우 두 유 라익 리빙 히어
- 여기 사시는 것은 어떠세요?

☞ How do you like ~?는 '~를 어떻게 생각해요?' 또는 '~는 어때요?' 하고 상대방의 생각을 물을 때 쓸 수 있는 표현입니다.

그럼, 말해 볼까요?

A는 B에게 어디 출신인지 묻는다.

***A*_** 어디에서 왔어요, Nick?
***B*_** I'm from Krakow, which lies in the southern part of Poland.
***A*_** I've never been there. What's it like?
***B*_** Krakow was the capital of Poland for centuries, so it has a lot of historical relics, such as the Royal Castle at Wawel and the St. Mary's Basilica.
***A*_** 언젠가 거기에 한 번 가보고 싶군요.

A_ **Where are you from,** 닉?
B_ 폴란드 남부에 있는 크라쿠프에서 왔어요.
A_ 거기에는 가 본 적이 없어요. 거기는 어때요?
B_ 크라쿠프는 몇 세기 동안 폴란드의 수도였어요. 그래서 바벨왕궁이나 성모 마리아 성당과 같은 역사적 유적들이 많이 있어요.
A_ **I'd love to go there sometime.** ☞ relic : 유물, 유적 basilica : (대)성당

02. 가족에 대해

Can you tell me about your family?
- 캔 유 텔 미 어바웃 유어 패멀리
- 당신 가족에 대해 말해 줄래요?

☞ 상대방에게 어떤 정보를 얻고 싶을 때에는 Can you tell me ~?라는 표현을 쓸 수 있습니다.

How many are there in your family?
- 하우 매니 아 데어 인 유어 패멀리
- 가족은 모두 몇 명인가요?

☞ How many are there in your family?에서 how many 뒤에 people, 또는 members가 생략된 것으로 '가족이 몇 명 있느냐?'라는 뜻입니다.

There are five of us, including me.
- 데어 아 파이브 어브 어스 인쿨루딩 미
- 나를 포함해서 다섯 명입니다.

☞ including : ~을 포함해서

Do you have any brothers or sisters?
- 두 유 해브 애니 브라더즈 오어 씨스터즈
- 형제나 누이가 있습니까?

☞ How many brothers and sisters do you have?라고 해도 비슷한 의미의 표현입니다.

I have a brother and a sister.
- 아이 해 버 브라더 앤 어 씨스터
- 형과 여동생이 있습니다.

☞ 만약 형제가 없고 혼자라면 I'm an only child.라는 표현을 쓸 수 있습니다.

UNIT 4. 간단한 대화하기

My brother, who lives in New York, is a doctor.
- 마이 브라더 후 리브즈 인 뉴욕 이즈 어 닥터
- 내 형은 뉴욕에 사는데 의사예요.

☞ 참고로 형, 오빠는 elder[older] brother, 누나, 언니는 elder[older] sister로 표현하고 남동생, 여동생은 younger brother/sister로 말하면 됩니다.

I'm married and have two children.
- 아임 **매**어리드 앤 해브 투- **칠**드런
- 결혼해서 아이 둘이 있습니다.

☞ We don't have any children yet.라고 하면 아이가 아직 없다는 표현이 됩니다.

그럼, 말해 볼까요?

A는 B와 가족에 대해 이야기한다.

*A*_ Do you live by yourself?
*B*_ No, I'm living with my parents till I find a place of my own.
*A*_ 가족에 대해 말해줄래요?
*B*_ 나를 포함해서 다섯 명이에요. I have an older sister and a younger brother.

A_ 혼자 사세요?
B_ 아니요, 내 집을 마련할 때까지 부모님과 살려고요.
A_ **Can you tell me about you family?**
B_ **There are five of us, including me.** 누나와 남동생이 있죠.

67

03. 직업에 대해

What do you do?
왓 두 유 두우
무슨 일을 하세요?

☞ What do you do?는 직업을 묻는 표현으로 What's your job? 하고 묻는 것보다 좀 더 부드러운 표현입니다. 자신의 직업을 말할 때에는 'I'm a+직업명'으로 말하면 됩니다.

Where do you work?
웨어 두 유 워크
어디에서 일하시나요?

☞ 직책을 묻는다면 What's your position at work?로 말할 수 있습니다.

How do you like your job?
하우 두 유 라이 큐어 잡
당신 직업은 마음에 들어요?

☞ 직업에 만족하느냐고 묻는다면 Are you satisfied with your job? 하고 물으면 됩니다.

How long have you been working here?
하우 롱 해 뷰 빈 워킹 히어
여기에서 일한 지는 얼마나 되세요?

☞ '과거에서 현재까지 얼마나 오래'라는 뜻을 나타낼 때 How long ~?이라는 표현을 쓸 수 있습니다.

I'm in charge of the sales department.
아임 인 차쥐 오브 더 쎄일즈 디파트먼트
저는 영업부의 책임자입니다.

☞ in charge of : ~을 맡고 있는, 담당의
ex) Who's in charge of this project? (이 프로젝트는 누가 담당하고 있나요?)

UNIT 4. 간단한 대화하기

I work for Neobooks.
아이 **워크 포** 네오북스

저는 네오북스에서 일합니다.

☞ '~에서 일하다'라는 말은 I work for ~., 또는 I work at ~.라고 표현하면 됩니다.
   ex) I work at City Bank. (저는 시티은행에서 일합니다.)

I'm unemployed at the moment.
아임 언임플로이드 앳 더 **모우먼트**

저는 지금 쉬고 있습니다.

☞ unemployed : 일이 없는, 실직한, 실업자의

그럼, 말해 볼까요?

A는 B에게 무슨 일을 하는지를 묻는다.

*A*_ 무슨 일을 하세요?
*B*_ 교사예요. I teach English. How about you?
*A*_ I'm a psychiatrist.
*B*_ Oh, great. May I ask you where you work?
*A*_ I work in the department of psychiatry at St. Sebastian's Hospital.

A_ **What do you do?**
B_ **I'm a teacher.** 영어를 가르치죠. 당신은요?
A_ 나는 정신과 의사입니다.
B_ 오, 멋지네요. 어디에서 일하시는지 물어봐도 될까요?
A_ 성 세바스찬 병원 정신과에서 일합니다.

☞ psychiatrist : 정신과 의사

04. 나이 · 결혼에 대해

Do you mind if I ask your age?
두 유 마인드 이프 아이 애스 큐어 에이쥐
나이를 물어봐도 될까요?

☞ 서양인들은 애인이 있나?, 결혼은 했나?, 나이는 몇인가? 등의 사적인 질문을 꺼리는 경향이 있으니 초면의 외국인에게는 주의해야 합니다.

How old are you?
하우 오울드 아 유
몇 살이에요?

☞ 27살이면 I'm 27 years old.라고 말하면 됩니다.

You look young for your age.
유 룩 영 포 유어 에이쥐
나이보다 젊어 보이시네요.

☞ '나보다 어린 줄 알았다.'라는 표현은 I thought you were younger than me.라고 말할 수 있습니다.

You're my age.
유어 마이 에이쥐
저와 나이가 같군요.

☞ We are of the same age.라고 해도 비슷한 표현입니다.

May I ask if you are married?
메이 아이 애스크 이프 유아 메어리드
결혼했는지 물어 봐도 될까요?

☞ 상대방에게 정중하게 허락을 구할 때에는 May I ~?라는 표현을 쓰면 됩니다.

UNIT 4. 간단한 대화하기

Are you married or single?
- 아 유 메어리드 오어 씽글
- 결혼하셨나요, 아니면 혼자이신가요?

☞ single : 혼자의, 독신의

Are you in a relationship now?
- 아 유 인 어 릴레이션쉽 나우
- 지금 사귀는 사람은 있나요?

☞ relation과 relationship은 둘 다 관계라는 뜻인데 relation은 관계를 나타내는 일반적인 표현이고 relationship은 연인이나 친구 관계와 같은 관계를 나타낼 때 쓰입니다.

그럼, 말해 볼까요?

A는 B에게 결혼했는지를 묻는다.

***A**_ 결혼했는지 물어봐도 되나요?

***B**_ I'm not married yet.

***A**_ 지금 사귀는 사람은 있어요?

***B**_ No, I'm single and I'm sick of it.

***A**_ Would you like to go to the movies with me and my two female co-workers tonight?

***B**_ Yeah, sounds great.

A_ **May I ask if you are married?**
B_ 아직 결혼 안 했어요.
A_ **Are you in a relationship now?**
B_ 아니요, 혼자 지내다 보니 좀 지겨워지는군요.
A_ 오늘밤 나와 내 여자 동료 두 명과 함께 영화 보러 갈래요?
B_ 그럼요, 좋죠.
☞ be sick of ~ : ~에 넌더리가 나다

71

05. 외모 · 성격에 대해

What does your girlfriend look like?
왓 더즈 유어 걸프렌드 룩 라이크
당신 여자 친구는 어떻게 생겼나요?

☞ look like : ~처럼 보이다, ~와 비슷하다
ex) This picture doesn't look like her. (이 사진은 그녀 같지 않군요.)

She's about my height.
쉬즈 어바웃 마이 하이트
그녀는 키가 나 정도예요.

☞ 키는 height, 몸무게는 weight라고 합니다. '그녀는 나보다 키가 조금 크다'라는 말은 She's a little taller than me.로 말할 수 있습니다.

She's got long straight black hair.
쉬즈 갓 로옹 스트레잇 블랙 헤어
그녀는 길고 곧은 검은 머리를 하고 있습니다.

☞ 구어에서는 have의 뜻으로 have got이 흔히 쓰입니다.

She's kind of heavy.
쉬즈 카인드 오브 헤비
그녀는 다소 살이 쪘어요.

☞ kind of : 다소, 얼마쯤

What's she like?
왓츠 쉬 라이크
그녀의 성격은 어때요?

☞ 성격이 좋다면 She has a nice personality.로 말할 수 있습니다.

UNIT 4. 간단한 대화하기

● She's really outgoing.
● 쉬즈 **리얼리** 아웃**고**우잉
● 매우 활발합니다.

☞ 성격이 활발하다면 outgoing이라는 표현을 쓰면 되고 부끄럼을 잘 탄다면 She's too shy.라고 말할 수 있습니다.

● She's a real tomboy.
● 쉬즈 어 **리얼 탐**보이
● 그녀는 아주 말괄량이예요.

☞ 남자처럼 행동하는 여자를 tomboy라고 표현합니다.

그럼, 말해 볼까요?

A는 B에게 사귀고 있는 여자 친구에 대해 묻는다.

A 여자 친구는 어떻게 생겼어요?
B She's about my height and she has very short brown hair and big blue eyes. She's gorgeous.
A 성격은 어때요?
B She's really an outgoing and bright girl.

A_ **What does your girlfriend look like?**
B_ 키는 나 정도 되고 짧은 갈색 머리에 파란 큰 눈을 가졌죠. 멋진 여자예요.
A_ **What's she like?**
B_ 정말 활발하고 밝아요.

☞ gorgeous : 멋진, 화려한

06. 여가 · 취미에 대해

What do you do in your free time?
왓 두 유 두 인 유어 프리 타임
여가 시간에는 무엇을 하세요?

☞ How do you spend your free time?이라고 해도 비슷한 표현입니다.

What do you usually do on your day off?
왓 두 유 유즈얼리 두 언 유어 데이 오프
쉬는 날에는 주로 뭘 하며 지내세요?

☞ day off : 휴일, 비번

When I have free time, I like to play sports.
웬 아이 해브 프리 타임 아이 라익 투 플레이 스포츠
시간이 나면 운동하는 것을 좋아합니다.

☞ 그냥 하루 종일 TV를 본다면 I just watch TV all day.로 말하면 됩니다.

I like to play computer games.
아이 라익 투 플레이 컴퓨러 게임즈
나는 컴퓨터 게임하는 것을 좋아합니다.

☞ '~하는 것을 좋아한다'라는 말은 I like to ~.라고 말하면 됩니다.

Do you have any hobbies?
두 유 해브 애니 하비즈
취미가 있나요?

☞ 취미가 음악감상이면 My hobby is listening to music.으로 말할 수 있습니다.

UNIT 4. 간단한 대화하기

I enjoy fishing very much.
- 아이 인조이 피슁 베리 머취
- 낚시를 아주 즐깁니다.

☞ '~하는 것을 즐기다'라는 말은 enjoy -ing로 표현할 수 있습니다.

I'm interested in handicrafts.
- 아임 인터레스티드 인 핸디크래프츠
- 수공예품에 흥미가 있습니다.

☞ be interested in : ~에 흥미가 있는   handicraft : 수공예품

그럼, 말해 볼까요?

A는 B에게 여가 시간을 어떻게 보내느냐고 묻는다.

A _ 여가 시간에는 무엇을 하세요?
B _ I usually watch TV. How about you?
A _ 시간이 나면 운동하는 것을 좋아합니다.
B _ That sounds very healthy. What is your favorite sport?
A _ I love to play soccer.

A_ **What do you do in your free time?**
B_ 보통 텔레비전을 봐요. 당신은 어때요?
A_ **When I have a free time, I like to play sports.**
B_ 건강하게 보내시는군요. 어떤 운동을 좋아하세요?
A_ 축구하는 것을 좋아해요.

07. 시간에 대해

What time is it?
왓 타임 이즈 잇
몇 시에요?

☞ 비슷한 표현은 Can you tell me the time?, Do you have the time? 등이 있습니다.

It's three ten.
잇츠 뜨리이 테엔
3시 10분입니다.

☞ It's ten after three.로 표현하기도 합니다.

It's three fifteen.
잇츠 뜨리이 핍프틴
3시 15분입니다.

☞ It's a quarter after three.로 표현하기도 합니다. quarter는 4분의 1이란 뜻이니 15분을 말합니다.

It's three thirty.
잇츠 뜨리이 써어리
3시 30분입니다.

☞ It's half past three.로 표현하기도 합니다. half는 2분의 1이란 뜻이니 30분을 말합니다.

It's three forty-five.
잇츠 뜨리이 포리 파이브
3시 45분입니다.

☞ 4시 15분 전이라는 말은 It's a quarter to four.로 말하면 됩니다.

UNIT 4. 간단한 대화하기

It's four o'clock.
잇츠 포 어클라악
4시입니다.

☞ '4시 정각이다.'는 It's exactly four o'clock.으로 말하면 됩니다.

My watch is three minutes fast.
마이 워치 뜨리이 미닛츠 패스트
내 시계는 3분이 빠릅니다.

☞ 반대로 3분이 느리면 fast 대신 slow를 쓰면 됩니다.

그럼, 말해 볼까요?

A는 B와 이야기를 하다가 시간을 묻는다.

***A*_** 몇 시지?
***B*_** 네 시 반이야.
***A*_** Already? I've really got to go now. I have to get to the post office before it closes.
***B*_** OK. See you later.

A_ **What time is it?**
B_ **It's four thirty.**
A_ 벌써? 나 진짜 가야겠다. 문 닫기 전에 우체국에 가야 돼.
B_ 그래. 나중에 보자.

08. 날짜 · 요일에 대해

What's the date today?
왓츠 더 데잇 터데이
오늘이 며칠이죠?

☞ 만약에 1월 10일이라고 말한다면 January tenth.라고 하면 됩니다. 날짜를 말할 때에는 서수를 쓴다는 것을 알아 두세요.

What's the occasion?
왓츠 디 어케이션
오늘이 무슨 날이죠?

☞ 여기서 occasion은 '특별한 일, 행사'라는 뜻입니다.
ex) She wore clothes suitable for the occasion. (그녀는 행사에 맞는 옷을 입었다.)

What holiday is it today?
왓 할러데이 이즈 잇 터데이
오늘이 무슨 공휴일이죠?

☞ '법정 휴일'은 legal holiday, '국경일'은 national holiday, '공휴일'은 public holiday라고 표현합니다.

What date is next Monday?
왓 데잇 이즈 넥스트 먼데이
다음 주 월요일이 며칠인가요?

☞ date : 날짜, 만날 약속, 데이트, 시대

What's the day after tomorrow?
왓츠 더 데이 애프터 터마-로우
모레가 무슨 날인가요?

☞ 그저께는 day before yesterday로 표현하고 글피는 three days from now라고 표현합니다.

UNIT 4. 간단한 대화하기

What day is it today?
- 왓 데이 이즈 잇 터데이
- 오늘이 무슨 요일이죠?

☞ What day of the week is it today?라고 해도 비슷한 표현입니다.

What month is it?
- 왓 먼쓰 이즈 잇
- 몇 월이죠?

☞ 생일을 묻는다면 When is your birthday?로 말할 수 있습니다.

그럼, 말해 볼까요?

B는 술 한잔하러 가자고 하는 A에게 오늘이 무슨 요일인지 묻는다.

*A*_ Are you doing anything after work? Let's go for a drink somewhere.
*B*_ Well, 오늘이 무슨 요일이지?
*A*_ 수요일이야.
*B*_ Sorry. I have to go to an English class on Wednesdays. Maybe some other time.

A_ 일 끝나고 무슨 할 일이 있어? 어디 가서 술이나 한잔하자.
B_ 음. **what day is it today?**
A_ **It's Wednesday.**
B_ 미안해. 수요일에는 영어 수업을 들으러 가야 돼. 다음에 하자.

09. 날씨 · 계절에 대해

What's the weather like today?
왓츠 더 웨더 라익 터데이
오늘 날씨가 어때요?

☞ 밖의 날씨를 묻는다면 What's the weather like out?이라고 말하면 됩니다.

It's hot and humid.
잇츠 하앗 앤 휴미드
덥고 습기 차요.

☞ 날씨나 공기 등이 습기가 있을 때는 humid라는 표현을 쓸 수 있습니다.

It's sunny and mild.
잇츠 써니 앤 마일드
화창합니다.

☞ sunny and mild : 화창한

It's cold and windy.
잇츠 코울드 앤 윈디
춥고 바람이 붑니다.

☞ 춥고 눈이 온다면 It's cold and snowy.라고 말하면 됩니다.

It looks like it's going to rain.
잇 룩스 라익 잇츠 고잉 투 레인
비가 내릴 것만 같아요.

☞ '계속 비가 와요.'는 It's still raining.으로 표현할 수 있습니다.

UNIT 4. 간단한 대화하기

It's getting warmer and warmer.
- 잇츠 게링 **워**머 앤 **워**머
- 날씨가 점점 따뜻해져요.

☞ '날씨가 점점 추워진다.'는 It's getting colder and colder.로 표현하면 됩니다.

What's your favorite season?
- 왓 츄어 **페**이버릿 **씨**즌
- 어느 계절을 가장 좋아하세요?

☞ '여름이 내가 가장 좋아하는 계절이에요.'라고 말한다면 Summer is the season I enjoy the most.로 표현할 수 있습니다.

그럼, 말해 볼까요?

A는 B와 날씨와 계절에 대해 이야기한다.

***A**_ This weather is so depressing. It's been raining since last Friday.
***B**_ Yes, it has. The rainy season has set in.
***A**_ I love sunny days. Summer is the season I enjoy the most.
  어느 계절을 가장 좋아하세요?
***B**_ I prefer winter to summer. I like winter activities such as snowball fight and skiing.

A_ 날씨가 아주 우중충하군요. 지난 금요일부터 계속 비가 와요.
B_ 예, 그래요. 장마철이 시작되었어요.
A_ 나는 화창한 날을 좋아해요. 여름이 내가 가장 좋아하는 계절이죠. **What's your favorite season?**
B_ 여름보다는 겨울을 더 좋아해요. 눈싸움과 스키타기처럼 겨울에 할 수 있는 운동을 좋아하죠.

81

10. 일기 예보에 대해

What's the weather going to be like on Saturday?
왓츠 더 **웨**더 고잉 투 비 라익 언 쌔러데이
토요일 날씨가 어떨 것 같아요?

☞ 여기에서 What ~ like?는 How의 뜻입니다. like는 '좋아하다'라는 동사의 뜻 외에 위의 표현처럼 전치사로도 쓰입니다.

Did you hear the weather forecast?
디 쥬 히어 더 **웨**더 **포**-캐스트
일기 예보 들으셨어요?

☞ weather forecast : 일기 예보

What's the weather forecast for the weekend?
왓츠 더 **웨**더 **포**-캐스트 포 더 **위**크엔드
주말 일기 예보는 어때요?

☞ '월요일 일기 예보는 어때요?'는 What's the weather forecast for Monday?로 말하면 됩니다.

They're predicting a sunny and clear weekend.
데이어 프리**딕**팅 어 **써**니 앤 클리어 위크엔드
화창하고 맑은 주말이 될 거라고 예보하고 있어요.

☞ predict : 예측하다, 예견하다

According to the weather forecast, it will rain tomorrow.
어**코**딩 투 더 **웨**더 **포**-캐스트 잇 윌 **레**인 터**마**-로우
일기 예보에 의하면 내일은 비가 온다고 합니다.

☞ according to ~ : ~에 따라, ~에 의하면

UNIT 4. 간단한 대화하기

The radio says sunny and mild.
- 더 레이디오우 쎄이즈 써니 앤 마일드
- 라디오에서는 화창할 거라고 합니다.

☞ The radio says : 라디오에서 방송하기를

The weather forecast calls for snow all day on Sunday.
- 더 웨더 포-캐스트 콜즈 포 스노우 올 데이 언 썬데이
- 일기 예보에서 일요일은 하루 종일 눈이 온다고 예측했어요.

☞ call for는 위와 같이 '예측하다'라는 뜻 외에 '큰 소리로 부르다, 청하다, 가져오게 하다' 등의 뜻이 있습니다.

그럼, 말해 볼까요?

B는 야구장을 가자는 A에게 날씨에 대해 묻는다.

*A*_ Let's go to the baseball game on Saturday.
*B*_ That's a good idea. **토요일 날씨는 어떨 것 같니?**
*A*_ According to the weather forecast it will be sunny and mild.
*B*_ That's great!

A_ 토요일에 야구장에 가자.
B_ 좋아. **What's the weather going to be like on Saturday?**
A_ 일기예보에 의하면 화창할 거라고 했어.
B_ 잘 됐다!

83

테마별 생활 영단어

날씨에 관한 단어

>> **sunny** 써니 — 날씨가 좋은
>> **warm** 워엄 — 따뜻한
>> **hot and dry** 핫 앤드 드라이 — 덥고 건조한
>> **moisture** 모이스처 — 습기
>> **rainy season** 레이니 씨-즌 — 장마철
>> **snowstorm** 스노우스톰 — 눈보라
>> **cool** 쿨 — 서늘한
>> **mild** 마일드 — 온화한
>> **muggy** 머기 — 몹시 더운
>> **tropical night** 트라피컬 나이트 — 열대야
>> **rain storm** 레인 스톰 — 폭풍우
>> **snowfall** 스노우폴 — 강설량
>> **typhoon warning** 타이푼 워-닝 — 태풍 경보
>> **cloudy** 클라우디 — 흐린
>> **windy** 윈디 — 바람이 센
>> **gloomy** 글루-미 — 음침한
>> **fickle** 피클 — 변덕스러운

New Situation English conversation

unit 5
감정 표현하기

01. 기쁨 표현하기
02. 슬픔 표현하기
03. 근심 · 걱정 · 긴장 표현하기
04. 위로 · 격려 표현하기
05. 화 표현하기
06. 실망 · 비난 표현하기
07. 놀라움 표현하기
08. 무서움 표현하기
09. 불만 표현하기
10. 지겨움 · 지루함 표현하기

01. 기쁨 표현하기

I'm so happy!
아임 쏘우 해피
너무 기뻐요!

☞ so는 구어에서 자주 쓰이는 표현으로 '매우, 대단히'라는 뜻입니다.

I jumped for joy.
아이 점프드 포 조이
기뻐서 펄쩍 뛰었어요.

☞ for joy : 기뻐서
ex) She cried for joy at the news. (그녀는 그 소식을 듣고 기뻐서 눈물을 흘렸다.)

I feel like a million dollars.
아이 필 라이 커 밀리언 달러즈
나는 아주 기분이 좋아요.

☞ feel like a million dollars : 기분이 아주 좋다

Today is the happiest day of my life.
터데이 이즈 더 해피이스트 데이 오브 마이 라이프
오늘이 내 인생에서 가장 행복한 날이에요.

☞ '왜 그렇게 기분이 좋아요?'라고 묻는다면 What makes you so happy?로 말할 수 있습니다.

I'm glad to hear that.
아임 글랫 투 히어 댓
그 소식을 들으니 매우 기쁘군요.

☞ 비슷한 의미의 표현은 I'm pleased to hear about it., That's a good news. 등이 있습니다.

UNIT 5. 감정 표현하기

I can't tell you how happy I am to hear that.
아이 캔트 텔 유 하우 해피 아이 앰 투 히어 댓
그 말을 들으니 말로 표현할 수 없을 만큼 기쁘군요.

☞ 기쁠 때 I'm walking on air.라는 말을 할 수 있는데 하늘 위를 걷고 있다는 말이니 '아주 기쁘다'라는 의미가 됩니다.

What an incredible feeling!
왓 언 인크레더블 필링
기분이 너무 좋군요!

☞ incredible : 놀라운, 대단한, 훌륭한

그럼, 말해 볼까요?

A는 평소 짝사랑하던 여자와 데이트를 하게 되어 기쁨을 표현한다.

*A*_ 오늘은 내 인생에서 가장 행복한 날이야.
*B*_ Why? What happened?
*A*_ I have a date with Kate. 너무 기뻐.
*B*_ That's great. You always talk about her. Have fun on your date.

A_ **Today is the happiest day of my life.**
B_ 왜? 무슨 일인데?
A_ 케이트와 데이트가 있어. **I'm so happy.**
B_ 잘 됐다. 항상 케이트 얘기를 하더니. 즐겁게 데이트해.

02. 슬픔 표현하기

I'm so sad that I want to cry.
아임 쏘우 쌔드 댓 아이 원 투 크라이
너무 슬퍼서 울고 싶어요.

☞ 만약에 슬퍼서 '마음이 아파요.'라고 한다면 I'm heartbroken.이라는 표현을 쓸 수 있습니다.

I feel like crying.
아이 필 라익 크라잉
울고 싶어요.

☞ I feel like ~.는 '~하고 싶은 기분이다.'라는 뜻으로 자기의 감정이나 기분을 나타낼 때 쓸 수 있습니다.

I don't feel like doing anything.
아이 돈 필 라익 두잉 애니띵
아무것도 하고 싶은 생각이 없어요.

☞ '~하고 싶은 기분이 아니다.'는 I don't feel like ~.로 말하면 됩니다.

I feel miserable.
아이 필 미저러블
비참한 기분이에요.

☞ miserable : 불쌍한, 비참한

I feel like the world is coming to an end.
아이 필 라익 더 워얼드 이즈 커밍 투 언 엔드
세상이 끝날 것처럼 느껴져요.

☞ come to an end는 '끝나다'라는 뜻인데 end 앞에 happy를 붙여 come to a happy end라고 하면 '결과가 좋게 되다'라는 뜻이 됩니다.

UNIT 5. 감정 표현하기

I have nowhere to go.
- 아이 **해브** 노우웨어 투 고우
- 난 더 갈 곳이 없습니다.

☞ 만약에 '난 끝장이야.'라는 말을 하고 싶다면 I'm finished.로 표현하면 됩니다.

What am I supposed to do now?
- 왓 앰 아이 서**포**우즈드 투 두 나우
- 나는 이제 어떻게 하면 되나요?

☞ be supposed to ~ : ~하기로 되어 있다

 그럼, 말해 볼까요?

A는 남자 친구와 헤어져서 울적해 한다.

A _ 너무 슬퍼서 울고 싶어.
B _ What's wrong?
A _ I just broke up with my boyfriend.
B _ Let's go to the movies. It will help you.
A _ Nothing can cheer me up.

A_ **I'm so sad that I want to cry.**
B_ 무슨 일인데?
A_ 남자 친구와 헤어졌어.
B_ 우리 영화나 보러 가자. 너에게 도움이 될 거야.
A_ 지금 어떤 것도 나를 위로할 수 없을 것 같아.

☞ break up with ~ : ~와 헤어지다 cheer up : 격려하다, 위로하다

89

 ## 03. 근심 · 걱정 · 긴장 표현하기

You look down.
유 룩 다운
기운이 없어 보이네요.

☞ down은 형용사로 '의기소침한, 기운 없는'의 뜻입니다. You don't look so good.이라고 해도 위와 비슷한 표현이 됩니다.

Do you have something on your mind?
두 유 해브 썸띵 온 유어 마인드
걱정되는 일이라도 있으세요?

☞ on one's mind : 마음에 걸려, 신경이 쓰여

What's wrong?
왓츠 로옹
무슨 일이에요?

☞ 비슷한 표현은 What's going on?, What's the matter? 등이 있습니다.

I'm worried about something.
아임 워-리드 어바웃 썸띵
걱정거리가 좀 있어요.

☞ be worried about ~ : ~에 대해 걱정하다

I couldn't sleep a wink.
아이 쿠든 슬립 어 윙크
잠을 거의 자지 못했어요.

☞ a wink는 보통 부정문에서 '(잠을) 아주 조금, 순식간'의 뜻으로 쓰입니다.

UNIT 5. 감정 표현하기

I'm nervous.
- 아임 너-버스
- 긴장이 됩니다.

☞ nervous : 신경과민의, 신경질적인

I've got butterflies in my stomach.
- 아이브 갓 버러프라이즈 인 마이 스터먹
- 가슴이 두근거려요.

☞ butterflies in my stomach는 뱃속에 나비가 날아다니는 것 같이 가슴이 울렁거린다는 뜻으로 긴장되거나 초조할 때 쓰이는 표현입니다.

그럼, 말해 볼까요?

A는 병원에 입원해 있는 엄마에 대해 걱정을 한다.

A_ 어제 저녁에 한숨도 못 잤어.
B_ What's wrong?
A_ 엄마가 걱정이 돼서. She is in the hospital. I feel gloomy.
B_ Don't worry. Everything will be all right.

A_ **I couldn't sleep a wink last night.**
B_ 무슨 일이 있어?
A_ **I'm worried about my mother.** 지금 병원에 계시거든. 좀 우울해.
B_ 걱정 마. 모든 게 잘될 거야.

04. 위로 · 격려 표현하기

Don't worry too much.
돈 워-리 투 머취
너무 걱정하지 마세요.

☞ 만약에 '너무 우울해 하지 마세요.'라는 말을 하고 싶다면 Don't get too down.으로 말하면 됩니다.

Don't take it so seriously.
돈 테이 킷 쏘우 씨리어슬리
너무 심각하게 받아들이지 마세요.

☞ '그냥 잊어버리세요.'는 Forget it.이라고 말하면 됩니다.

Everything will be fine.
에브리띵 윌 비 파인
모든 것이 다 잘될 거예요.

☞ '긍정적으로 생각하세요.'는 Think positive.로 말할 수 있습니다.

There are sunny days ahead. Don't worry about it.
데어 아 써니 데이즈 어헤드 돈 워-리 어바웃 잇
좋아질 거예요. 걱정하지 마세요.

☞ There are sunny days ahead.는 '맑은 날이 앞에 있다'는 뜻이니 근심 또는 슬픔에 젖어 있는 사람을 위로할 때 쓸 수 있는 표현입니다.

Keep your chin up!
킵 유어 췬 어업
용기를 내세요!

☞ keep one's chin up : 용기를 잃지 않다, 기운을 내다

UNIT 5. 감정 표현하기

Don't give up. It's never too late.
돈 기브 어업 잇츠 네버 투- 레이트
포기하지 마세요. 결코 늦지 않았어요.

☞ give up : 포기하다

I'm sure you can make it.
아임 슈어 유 캔 메이 킷
당신은 틀림없이 할 수 있을 겁니다.

☞ 구어에서 자주 쓰이는 make it은 '제 시간에 도착하다, 만나기로 하다' 등의 뜻이 있지만 여기에서는 '제대로 수행하다, 성공하다'라는 뜻입니다.

 그럼, 말해 볼까요?

B는 시험을 망친 A에게 위로를 한다.

*A*_ I'm so depressed. I think I flunked this midterm exam.
*B*_ I'm sorry to hear that, but you have to admit that you didn't spend much time studying.
*A*_ Yes, I should have studied more. I ruined my future.
*B*_ 너무 **심각하게 받아들이지 마.** You can always improve.

A_ 정말 우울하다. 중간고사를 망친 것 같아.
B_ 그 말을 들으니 유감이지만 너도 시험 공부를 충분히 하지 않았다는 것을 인정해야 돼.
A_ 그래, 좀 더 공부를 했어야 했는데. 내 미래를 망쳐버렸어.
B_ **Don't take it so seriously.** 너는 언제든지 향상시킬 수 있으니까.

☞ flunk : (시험 등에) 실패하다

05. 화 표현하기

I'm really angry at my boss!
아임 리얼리 앵그리 앳 마이 보스
사장님에게 정말 화가 나요!

☞ '화가 나다'라고 할 때 구어에서는 종종 mad를 쓰기도 합니다.
ex) He is mad at me. (그는 나에게 화가 나 있다.)

That's so offensive!
댓츠 쏘우 어펜시브
정말 불쾌해요!

☞ offensive : 화가 나는, 참을 수 없는, 불쾌한

You drive me crazy.
유 드라이브 미 크레이지
당신 때문에 미치겠어요.

☞ drive는 angry, mad, crazy 등과 같이 쓰여 '~한 상태에 빠뜨리다'라는 의미를 나타냅니다.

How rude can you be?
하우 루-드 캔 유 비이
어떻게 그렇게 무례할 수가 있어요?

☞ '도가 지나치군요.'는 You're going too far.로 말할 수 있습니다.

I can't stand it any more.
아이 캔트 스탠드 잇 애니 모어
더 이상 참을 수 없어요.

☞ stand는 부정문이나 의문문에서 '참다, 견디다'의 뜻으로 쓰이기도 합니다.

UNIT 5. 감정 표현하기

My patience is worn out.
마이 **페**이션스 이즈 **워**언 아웃
참는 것도 한도가 있어요.

☞ wear out : 닳아 없어지게 하다

People like that really aggravate me.
피-플 라익 댓 **리**얼리 애그러베이트 미
저런 사람들은 정말 날 화나게 합니다.

☞ aggravate는 '악화시키다'라는 뜻인데 구어에서는 '화나게 하다, 괴롭히다'라는 뜻으로 쓰이기도 합니다.

그럼, 말해 볼까요?

A는 월급을 제때에 주지 않는 사장님에 대해 화를 낸다.

*A*_ 우리 사장님에게 정말 화가 나!
*B*_ What happened?
*A*_ He said that he cannot pay me this month because the company is in a bad financial condition. He really pissed me off.
*B*_ That's terrible.

A_ **I'm really angry at my boss!**
B_ 무슨 일인데?
A_ 회사가 재정 상황이 안 좋아서 이번 달은 급여를 줄 수 없다고 하더군. 그는 정말 짜증 나.
B_ 안됐다.

☞ piss off : 화나게 하다, 지겹게 하다

06. 실망 · 비난 표현하기

I was disappointed.
아이 워즈 디써**포**인티드
나는 실망했어요.

☞ '~에게 실망하다'라는 말은 be disappointed in [with] ~라는 표현을 쓸 수 있습니다.
 ex) I'm disappointed with you. (나는 당신에게 실망했어요.)

You've really disappointed me.
유브 **리**얼리 디써**포**인티드 미
당신은 정말 나를 실망시키는군요.

☞ '실망시켜서 미안합니다.'라는 말은 I'm sorry to have disappointed you.로 말할 수 있습니다.

That's a real shame!
댓츠 어 **리**얼 쉐임
유감스러운데!

☞ shame은 '부끄러움, 수치'라는 뜻이 있지만 어떤 일의 결과에 대해 유감과 실망을 나타낼 때에도 쓰입니다.

That's too bad!
댓츠 투- 배드
정말 유감이에요!

☞ That's too bad.는 '그것 참 안됐다', 또는 '그렇다니 유감이다'는 뜻을 나타낼 때 쓸 수 있는 표현입니다.

I can't believe you did this to me.
아이 **캔**트 빌리브 유 딧 **디**스 투 미
당신이 나에게 이런 행동을 했다니 믿을 수가 없어요.

☞ '어떻게 그럴 수가 있어요?'는 How could you do that?로 표현하면 됩니다.

UNIT 5. 감정 표현하기

That's not like you.
- 댓츠 낫 라이크 유
- 그건 당신답지 않은 행동이군요.

☞ 여기서 like는 전치사로서 '~의 특징을 나타내는, ~다운'의 뜻을 나타냅니다.

Are you out of your mind?
- 아 유 아웃 어브 유어 마인드
- 당신 정신 나갔어요?

☞ out of one's mind : 정신이 돈, 미친 것 같은

그럼, 말해 볼까요?

A는 B의 행동에 대해 깊은 실망을 표현한다.

A_ 네가 나에게 이런 행동을 했다니 믿을 수가 없어. How could you do that?
B_ I'm really sorry. I didn't know that it hurt you so much.
A_ 너는 정말 나를 실망시켰어.
B_ Is there anything I can do to improve our relationship?

A_ **I can't believe you did this to me.** 어떻게 그럴 수가 있어?
B_ 정말 미안해. 그게 그렇게 네 마음을 아프게 할 줄은 몰랐어.
A_ **You've really disappointed me.**
B_ 우리 관계를 다시 개선할 수 있는 방법이 있겠니?

07. 놀라움 표현하기

Oh, my God!
오우 마이 가앗
오, 세상에!

☞ Oh, my God!은 '큰일 났네, 아이고'라는 뜻으로 놀라움을 나타낼 때 쓰는 표현이지만 서양의 독실한 기독교 신자들은 God가 남발해 쓰이는 것을 불쾌해 하므로 주의해야 합니다.

Oh, my goodness! / Oh, my gosh! / Oh, my!
오우 마이 굿드니스 / 오우 마이 가쉬 / 오우 마이
하느님, 맙소사!

☞ 앞에서 말한 종교적인 의미 때문에 놀랐을 때 God 대신 goodness나 gosh가 쓰이기도 합니다.

Gee!
지이
아이고, 깜짝이야!

☞ gee는 놀람이나 감탄을 나타낼 때 쓸 수 있는 표현입니다.
ex) Gee, that's great! (야! 아주 좋은데!)

Oh, no!
오우 노우
아, 그럴 수가!

☞ 참고로 기분이 좋지 않거나 화를 낼 때 Shit!(제기랄!), Dame it!(젠장!, 제기랄!) 등의 표현을 쓸 수 있습니다. 하지만 별로 좋지 않은 표현이니 쓰지 않는 것이 좋겠죠?

That's unbelievable!
댓츠 언빌리-버블
믿기지 않는데요!

☞ How surprising!, That's shocking!이라고 해도 비슷한 표현입니다.

UNIT 5. 감정 표현하기

You're kidding!
유어 키딩
당신 농담하는 거죠!

☞ 상대방이 말이 정말 믿겨지지 않을 때 쓸 수 있는 표현입니다.

I'm surprised at the news.
아임 써프라이즈드 앳 더 뉴스
그 소식을 듣고 놀랐어요.

☞ be surprised at : ~에 놀라다

그럼, 말해 볼까요?

B는 A가 전하는 소식을 듣고 놀라움을 나타낸다.

*A*_ Jenny, have you heard the news? Josh is getting married on Sunday!
*B*_ Oh, my gosh! **믿기질 않아!** He said he would never get married.
*A*_ Yes, I was also surprised.
*B*_ Life can be unpredictable.

A_ 제니, 소식을 들었니? 조쉬가 일요일에 결혼한대!
B_ 오, 세상에! **That's unbelievable!** 절대로 결혼은 하지 않는다고 하더니.
A_ 그래, 나도 놀랐어.
B_ 인생이란 예측할 수 없는 거야.

☞ unpredictable : 예측할 수 없는

08. 무서움 표현하기

I'm scared.
아임 스케어드
무서워요.

☞ 만약 '무서워서 죽는 줄 알았다.'라는 말을 하고 싶다면 I was scared to death.라고 하면 됩니다.

Just thinking about it scares me.
저스트 띵킹 어바웃 잇 스케어스 미
생각만 해도 무서워요.

☞ '너무 놀라서 움직일 수가 없어요.'라는 말은 I'm too shocked to move.로 말하면 됩니다.

It gives me the creeps.
잇 깁즈 미 더 크립-스
섬뜩해요!

☞ give ~ the creeps : ~을 섬뜩하게 하다, 소름 끼치게 하다

My back is sweaty.
마이 백 이즈 스웨리
등에 땀이 나요.

☞ 참고로 식은땀은 cold sweat로 표현합니다.

The mere thought makes me shudder.
더 미어 쏘옷 메익스 미 셔더
생각만 해도 벌벌 떨려요.

☞ shudder : (공포나 추위로) 떨다

100

UNIT 5. 감정 표현하기

What are you so afraid of?
왓 아 유 쏘우 어프레이드 오브
뭘 그렇게 무서워하세요?

☞ be afraid of : 두려워하다, 무서워하다

Don't be scared.
돈 비 스케어드
무서워하지 마세요.

☞ Don't be afraid.라고 해도 비슷한 표현입니다.

그럼, 말해 볼까요?

A와 B는 보스니아 내전 당시 있었던 끔찍한 일에 대해 이야기를 한다.

A_ Have you heard about the Srebrenica Massacre during the Bosnian War?
B_ Yes. That was a horrible war crime.
A_ That's right. The Srebrenica Massacre is the largest mass murder in Europe since World War II.
B_ 생각만 해도 무섭다.

A_ 보스니아 내전 때 스레브레니카 대학살에 대해 들어본 적 있니?
B_ 응. 끔찍한 전쟁 범죄지.
A_ 맞아. 스레브레니카 대학살은 2차 세계대전 이래로 유럽에서 가장 큰 대량 살상일 거야.
B_ **Just thinking about it scares me.**

101

09. 불만 표현하기

I want to complain about this camera.
아이 원 투 컴플레인 어바웃 디스 캐머러
이 카메라에 대해 불만을 말해야겠습니다.

☞ 어떤 것에 대해 불만을 말할 때에는 complain about ~라는 표현을 쓸 수 있습니다.

I'm not happy with this.
아임 낫 해피 윗 디스
마음에 들지 않아요.

☞ happy는 '행복한'이라는 뜻 외에 '마음에 드는, 만족스러운'의 뜻도 가지고 있습니다.

This is pathetic.
디스 이즈 퍼쎄틱
이것은 형편없어요.

☞ pathetic : 형편없는, 가치 없는

This is most unsatisfactory.
디스 이즈 모스트 언쎄티스팩터리
아주 만족스럽지 않군요.

☞ unsatisfactory : 불만족스러운, 마음에 차지 않는

What are you going to do about this?
왓 아유 고우잉 투 두 어바웃 디스
어떻게 할 거에요?

☞ '무언가 조치를 취해 주었으면 합니다.'라는 말은 There's something you could help me with.로 말할 수 있습니다.

UNIT 5. 감정 표현하기

I hate to have to say this, but this is the worst service I have ever experienced.
- 아이 헤잇 투 햅 투 쎄이 디스 벗 디스 이즈 더 워스트 써비스 아이 해브 에버 익스피리언스드
- 이런 말을 정말 하기는 싫지만 내가 겪어 본 중에 최악의 서비스이군요.

☞ 직접적으로 불만을 말하는 것은 때로는 무례하게 들릴지 모르므로 I hate to have to say this라는 표현을 먼저 하고 본론을 말하는 것이 좋습니다.

I'm not satisfied with the customer service.
- 아임 낫 새티스파이드 윗 더 커스터머 써비스
- 고객서비스가 만족스럽지 않군요.

☞ be satisfied with : ~에 만족하다

그럼, 말해 볼까요?

문제가 있는 카메라를 산 A는 제품과 서비스에 대해 불만을 나타낸다.

*A_* 이 카메라에 대해 불만을 말해야겠어요. I bought it yesterday.
*B_* What's the problem, sir?
*A_* I have problems with the lens. I'm not satisfied with it.
*B_* I'm sorry, sir but we cannot do anything about it.
*A_* 이런 말을 정말 하기는 싫지만, 내가 겪어 본 중에 최악의 서비스이군요.

A_ **I want to complain about this camera.** 어제 구입한 겁니다.
B_ 무슨 문제인가요, 손님?
A_ 렌즈에 문제가 있어요. 만족스럽지가 않아요.
B_ 죄송하지만 아무것도 해드릴 수가 없습니다.
A_ **I hate to have to say this, but this is the worst service I have ever experienced.**

10. 지겨움 · 지루함 표현하기

I'm sick and tired of it.
아임 씨익 앤 **타**이어드 오브 잇
진짜 지겨워요.

☞ 어떤 일에 아주 넌더리가 난다면 be sick and tired of라는 표현을 쓸 수 있습니다.
ex) I'm sick and tired of your excuses. (나는 네 변명에 아주 질렸어.)

Is there anything more tedious than this?
이즈 데어 애니띵 모어 **티**-디어스 댄 **디**스
이보다 더 지겨운 일이 또 있을까요?

☞ tedious : 진저리가 나는, 지겨운

It's really stressful!
잇츠 **리**얼리 스트**레**스펄
정말 스트레스 받는군!

☞ 참고로 '스트레스를 풀다'라는 말은 relieve stress로 표현할 수 있습니다.

I'm disgusted with this way of life.
아임 디스**거**스티드 위드 디스 웨이 오브 **라**이프
이런 생활은 아주 넌더리가 납니다.

☞ be disgusted with ~ : ~에 넌더리가 나다

What are you complaining about now?
왓 아 유 컴플**레**이닝 어바웃 **나**우
지금 무엇 때문에 불평하세요?

☞ '뭐가 그렇게 만족스럽지 않나요?'라는 말은 What are you so dissatisfied about?로 말하면 됩니다.

UNIT 5. 감정 표현하기

You're always complaining.
- 유어 올웨이즈 컴플레이닝
- 당신은 항상 불평이군요.

☞ '그만 좀 투덜거려라.'라는 말은 Stop complaining.으로 말하면 됩니다.

Here we go again.
- 히어 위 고우 어겐
- 또 시작이네요.

☞ 이 표현은 원하지 않는 일이 자주 일어나서 못마땅할 때 '지겹게도 또 시작이다'라는 의미로 쓰입니다.

 그럼, 말해 볼까요?

A는 자기가 하고 있는 일에 대해 지겨움을 나타낸다.

*A*_ 내가 하는 일보다 더 지겨운 일이 또 있을까요?
*B*_ What's your job?
*A*_ Data entry. 진짜 지겨워요.
*B*_ What are you so dissatisfied about?
*A*_ Data entry involves hours of sitting in front of your computer typing information into a document.

A_ **Is there anything more tedious than my job?**
B_ 직업이 뭔데요?
A_ 자료 입력이요. **I'm sick and tired of it.**
B_ 뭐가 그렇게 만족스럽지 않나요?
A_ 자료 입력은 몇 시간 동안 컴퓨터 앞에 앉아서 정보를 서류화하는 일이죠.

테마별 생활 영단어

감정에 관한 단어

>> cheerful 취어펄	유쾌한, 즐거운
>> grateful 그레이트펄	고마워하는
>> delighted 딜라이티드	기뻐하는
>> content 컨텐트	만족하고 있는
>> discontented 디스컨텐티드	불만스러운
>> miserable 미저러블	비참한, 불행한
>> depressed 디프레스트	우울한
>> frustrated 프러스트레이티드	좌절당한
>> confused 컨퓨-즈드	당황한, 혼란스러운
>> fed-up 페드업	싫증난
>> angry 앵그리	성난
>> cross 크로-스	화를 내는
>> furious 퓨어리어스	격노한
>> anxious 앵쉬스	걱정하는
>> nervous 너-버스	염려하는
>> worried 워-리드	걱정스러운
>> upset 업셋	기분 상한

New Situation English conversation

unit 6
생각 말하기

01. 의견 묻기
02. 의견 말하기
03. 찬성 · 반대 표현하기
04. 모르거나 곤란한 질문을 받았을 때
05. 협상하기
06. 다시 말해 달라고 할 때
07. 이해를 했나 확인하기
08. 결심 · 유보 표현하기

01. 의견 묻기

Can I have your opinion?
- 캔 아이 해 뷰어 어피니언
- 당신의 의견을 말해 줄래요?

☞ 만약 조언이 필요하다면 I need some advice.로 말하면 됩니다.

What do you think of it?
- 왓 두 유 띵크 오브 잇
- 그것에 대해 어떻게 생각해요?

☞ 상대방의 의견이나 견해를 물을 때에는 What do you think of[about] ~?라는 표현을 쓰면 됩니다.

What's your opinion on this?
- 왓츠 유어 어피니언 온 디스
- 이것에 대한 당신의 생각은 어떻습니까?

☞ What's your view on this?라고 해도 비슷한 표현입니다.

How do you like your new job?
- 하우 두 유 라익 유어 뉴 잡
- 당신의 새로운 직업은 어때요?

☞ How do you like ~?라는 표현도 '~를 어떻게 좋아하느냐?'라는 의미이니 역시 상대방의 의견을 물을 때 쓸 수 있는 표현입니다.

What would you do if you were in my shoes?
- 왓 우 쥬 두우 이프 유 워 인 마이 슈즈
- 당신이 내 입장이라면 어떻게 하시겠어요?

☞ in my shoes는 '내 입장에서'라는 의미로 in my position이라고 해도 비슷한 표현입니다.

UNIT 6. 생각 말하기

What do you think I should do?
- 왓 두 유 띵크 아이 슛 두우
- 내가 어떻게 해야 할까요?

☞ What shall I do?라고 해도 비슷한 표현입니다.

Do you have any good ideas?
- 두 유 해브 애니 굳 아이디-어즈
- 무슨 좋은 생각이 있나요?

☞ 만약에 다른 제안이 없는지 묻는다면 Do you have any other suggestions?라고 표현할 수 있습니다.

그럼, 말해 볼까요?

A는 B에게 졸업 후 뭘 공부해야 할지를 상의한다.

*A*_ Mark, 네 의견 좀 말해줄래?
*B*_ Sure. What do you want to ask?
*A*_ As you know, this is my last year in high school and I really don't know what to study. 무슨 좋은 생각 없니?
*B*_ If I were you, I would study architecture.

A_ 마크, **can I have your opinion?**
B_ 물론. 뭘 물어보려고 하는데?
A_ 너도 알다시피 올해가 고등학교에서의 마지막 해인데 앞으로 뭘 공부해야 할지 정말 모르겠어. **Do you have any good ideas?**
B_ 내가 너라면 건축학을 공부할 거야.

02. 의견 말하기

I think you should apologize to her first.
아이 띵크 유 슈드 어팔러자이즈 투 허 퍼스트
나는 당신이 먼저 그녀에게 사과해야 한다고 생각합니다.

☞ 상대방에게 자기의 의견을 부드럽게 말할 때 I think ~.라는 표현을 쓸 수 있습니다.

In my opinion, he's a remarkable man.
인 마이 어피니언 히즈 어 리마커블 맨
내 생각에는, 그는 뛰어난 사람입니다.

☞ in my opinion : 내 생각에는, 내가 보기에는

Well, if you ask me, she's pretty aggressive.
웨웰 이프 유 애스크 미 쉬즈 프리티 어그레씨브
음, 내 생각으로는, 그녀는 매우 적극적입니다.

☞ well은 어떤 용건을 꺼낼 때나 말을 계속할 때 '글쎄, 저어, 그런데'라는 의미로 쓰입니다.
  if you ask me는 '내 생각으로는'이라는 뜻입니다.

If I were you, I wouldn't drink at all.
이프 아이 워 유 아이 우든 드링크 애 롤
내가 당신이라면 술을 마시지 않을 겁니다.

☞ (not) ~ at all : 조금도 (~이 아니다)

Have you thought of becoming an English teacher?
해브 유 쏘-트 오브 비커밍 언 잉글리쉬 티춰
영어 선생님이 되는 것 생각해 봤어요?

☞ '~하는 것 생각해 봤어요?' 하고 상대방에게 의견이나 조언을 줄 때 Have you thought of ~?라는 표현을 쓸 수 있습니다.

UNIT 6. 생각 말하기

● You'd better do just as I told you.
유드 베터 두 저스트 애즈 아이 **토**올 쥬
내 말대로 하는 것이 좋을 거예요.

☞ had better : ~하는 게 더 낫다

● I'm sure it will work out.
아임 **슈**어 잇 윌 **워**크 아웃
잘될 거라고 확신해요.

☞ '나는 100% 확신한다.'라는 말은 I'm one-hundred percent sure of it.로 표현할 수 있습니다.

 그럼, 말해 볼까요?

A는 지난밤에 있었던 B의 무례한 행동에 대해 이야기한다.

*A_* Tom, your behavior yesterday was outrageous. Kathy felt offended by your derogatory remarks.
*B_* I'm really sorry. I had a couple of drinks.
*A_* You shouldn't have had so much to drink.
*B_* What do you think I should do?
*A_* **나는 네가 먼저 캐시에게 사과해야 한다고 생각해.**

A_ 톰, 어제 네 행동은 너무 무례했어. 캐시가 너의 모욕적인 말 때문에 화가 났을 거야.
B_ 정말 미안해. 술을 몇 잔 먹었더니.
A_ 너는 술을 그렇게 많이 먹지 말았어야 했어.
B_ 내가 어떻게 해야 할까?
A_ **I think you should apologize to Kathy first.**

☞ outrageous : 지나친, 모욕적인 derogatory : 경멸적인

03. 찬성 · 반대 표현하기

I agree with you.
아이 어그리 위드 유
당신의 말에 동의해요.

☞ agree with ~ : ~에 동의하다

You're right.
유어 라잇
당신이 맞아요.

☞ 위의 표현 외에 상대방의 말에 '바로 그렇다'라는 의미를 나타낼 때에는 Exactly!, You got it!, Absolutely!, That's right! 등으로 표현할 수 있습니다.

I couldn't agree more.
아이 쿠든 어그리 모어
말이 필요 없어요.

☞ 이 표현은 직역하면 더 이상 동의할 수 있는 것이 없다는 말이니 전적으로 상대방의 말에 동의할 때 쓸 수 있는 표현입니다.

That's just what I was thinking.
댓츠 저스트 왓 아이 워즈 띵킹
내 생각도 그래요.

☞ I feel the same way.라고 해도 비슷한 표현입니다.

That makes sense.
댓 메익스 센스
일리가 있습니다.

☞ 만약에 부분적으로 동의한다면 You are partly right.로 말하면 됩니다.

UNIT 6. 생각 말하기

That might be true, but don't you think it will be too difficult?
댓 **마잇** 비 츄루우 벗 돈 **츄** 띵크 잇 윌 비 투 **디**피컬트
그 말이 맞을지 모르지만 그 일이 너무 어려울 거라고 생각지 않나요?

☞ 상대방의 말에 동의하지 않을 때 That might be true라는 표현을 먼저 한 후 반대 의견을 제시하면 좀 더 부드러운 표현이 됩니다.

I don't agree with you on that point.
아이 **돈** 어그리 위드 유 언 댓 **포**인트
저는 그 점에 대해 당신 말에 동의할 수 없습니다.

☞ 만약에 절대로 동의할 수 없다면 I disagree completely., I don't agree at all. 등으로 말할 수 있습니다.

그럼, 말해 볼까요?

A는 B에게 공립학교에서 영혼창조설을 가르치는 것에 대해 의견을 묻는다.

A_ What is your opinion on teaching Creationism in public schools?
B_ I think that Creationism should be taught alongside the theory of Evolution in public schools.
A_ 나는 그 점에 동의할 수 없어요. Creationism has no scientific foundation.
B_ 그 말이 맞을지 모르지만, don't you think there is little proof that evolution is actually factual?

A_ 공립학교에서 영혼창조설을 가르치는 것에 대해 어떻게 생각해요?
B_ 나는 공립학교에서 영혼창조설은 진화론과 함께 가르쳐야 한다고 생각해요.
A_ **I don't agree with you on that point.** 영혼창조설은 과학적인 근거가 없어요.
B_ **That might be true, but** 진화론이 진짜 사실이라는 증거도 거의 없다고 생각지는 않나요?

113

04. 모르거나 곤란한 질문을 받았을 때

I have no idea.
아이 해브 노우 아이디어
잘 모르겠어요.

☞ idea는 '생각, 의견'이라는 뜻인데 have no idea라고 하면 '전혀 모르다'라는 표현이 됩니다.

I don't know.
아이 돈 노우
모르겠어요.

☞ '그것에 대해 정말 잘 모릅니다.'라는 말은 I don't really know that much about that. 로 말하면 됩니다.

I'm not sure.
아임 낫 슈어
잘 모르겠어요.

☞ I'm not sure.는 자신의 의견, 또는 생각이 확실하지 않거나 잘 모를 때 쓸 수 있는 표현입니다.

That's a difficult question to answer.
댓츠 어 디피컬트 퀘스천 투 앤써
그것은 대답하기 어려운 질문이군요.

☞ answer는 질문 등에 응해 '대답하다'를 뜻하는 가장 일반적인 말이고 문의나 호소 등에 대한 반응을 나타낼 때에는 respond를 쓴다는 것을 알아 두세요.

I don't know how to answer.
아이 돈 노우 하우 투 앤써
어떻게 대답을 해야 할지 모르겠군요.

☞ what, how, where, when 등과 같은 의문사 뒤에 to부정사를 써서 위와 같이 동사의 목적어로 쓰입니다.

UNIT 6. 생각 말하기

It's hard to say.
잇츠 **하**앗 투 **쎄**이
말하기가 어려워요.

☞ '~하기가 어렵다'라는 말은 It's hard to ~.로 표현하면 됩니다.
   ex) It's so hard to get a job these days. (요즘에는 일자리를 구하기가 아주 어렵다.)

There is no straight answer to that question.
데어 이즈 **노**우 스트레잇 **앤**써 투 댓 퀘스쳔
그 질문에 솔직히 말하지 않을게요.

☞ '당장은 대답할 수가 없습니다.'는 I can't answer that at the moment.로 말하면 됩니다.

그럼, 말해 볼까요?

B는 A가 곤란한 질문을 하자 대답을 주저한다.

*A_* What do you think of your boss?
*B_* 그것은 대답하기 어려운 질문이군요.
*A_* Is he a good manager? What is his management style?
*B_* 말하기가 어렵군요. There is no straight answer to that question.

A_ 당신 상사를 어떻게 생각하세요?
B_ **That's a difficult question to answer.**
A_ 좋은 관리자인가요? 관리 스타일은 어때요?
B_ **It's hard to say.** 그 질문에 솔직히 말하지 않을게요.

115

05. 협상하기

Can't you change your position just a little?
캔 츄 췌인지 유어 퍼지션 저스 터 리를
당신의 입장을 조금 바꿀 수 없을까요?

☞ just a little : 조금, 약간

There may be some room for compromise.
데어 메이 비 썸 룸 포 캄프러마이즈
타협의 여지가 좀 있을 겁니다.

☞ 여기서 room은 '여지'라는 뜻으로 '여지를 남기다'라는 말은 leave room for ~로 표현하면 됩니다.

I'm sure we can come to an agreement.
아임 슈어 위 캔 컴 투 언 어그리-먼트
나는 우리가 합의할 수 있을 거라고 확신합니다.

☞ come to an agreement : 합의를 보다

Let's make a deal.
렛츠 메이 커 디일
협상합시다.

☞ deal : 거래, 협정

Let's discuss this problem. There must be a solution.
렛츠 디스커스 디스 프라블럼 데어 머슷 비 어 설루션
이 문제를 토론해 봅시다. 해결책이 있을 거예요.

☞ must be는 '~임에 틀림없다'라는 뜻으로 강한 추측을 나타냅니다.

UNIT 6. 생각 말하기

Would you think it over once more?
우 쥬 띵크 잇 오우버 원스 모어
다시 한 번 생각해 주시겠습니까?

☞ think over : 곰곰이 생각하다, 숙고하다

How does this sound?
하우 더즈 디스 싸운드
이것은 어때요?

☞ '이것은 어때요?' 하고 상대방의 의견을 물을 때, 무언가를 제안하기 전에는 How does this sound?, 제안한 후에는 How does that sound?로 표현합니다.

그럼, 말해 볼까요?

B에게 돈을 빌려 준 A는 B와 돈 문제에 대해 이야기한다.

*A_* Steven, I want you to pay the money back you owe me.
*B_* Currently I don't have any source of income. I will be able to pay you back next month.
*A_* 이 문제를 상의해 보자. 해결책이 있을 거야. Can you borrow the money from your friends?
*B_* No, I can't. Well, I'll give you our company's stocks instead of the money. How does that sound?

A_ 스티븐, 나에게 빌린 돈을 갚았으면 좋겠어.
B_ 나는 현재 수입원이 없어. 다음 달에 갚을 수 있을 것 같은데.
A_ **Let's discuss this problem. There must be a solution.** 네 친구에게 돈을 빌릴 수는 없니?
B_ 아니, 그럴 수 없어. 음, 돈 대신에 회사 주식을 줄게. 이건 어때?

06. 다시 말해 달라고 할 때

Excuse me?
익스**큐**-즈 미
뭐라고 하셨어요?

☞ 상대방의 말을 잘 알아듣지 못했을 때 '뭐라고 하셨어요?'라는 말은 Excuse me?, 또는 I'm sorry?라고 하면서 문장 끝을 올리면 됩니다.

I beg your pardon?
아이 베 규어 **파**든
죄송하지만 다시 말씀해 주시겠어요?

☞ I beg your pardon은 '죄송합니다.' 하고 사과를 할 때, 그리고 상대방의 말을 잘 알아듣지 못해 다시 말해 달라고 할 때 쓸 수 있는 표현입니다.

I'm sorry, I didn't hear what you said.
아임 **쏘**리 아이 **디**든 히어 왓 유 **쎄**드
미안합니다. 당신의 말을 잘 못 들었습니다.

☞ '방금 뭐라고 하셨죠?'라는 말은 What did you say just now?로 말하면 됩니다.

Could you repeat what you said?
쿠 **쥬** 리**피**잇 왓 유 **쎄**드
다시 말씀해 주시겠어요?

☞ 마지막 단어를 못 들었다면 Could you repeat the last word?라고 하면 됩니다.

Could you explain that in detail?
쿠 **쥬** 익스플**레**인 댓 인 디테일
자세하게 설명해 주시겠어요?

☞ in detail : 상세히, 세부에 걸쳐

UNIT 6. 생각 말하기

Tell it to me clearly.
텔 잇 투 미 클리얼리
명확하게 말해 주세요.

☞ '간단하게 말해 주세요.'는 Make it simple.이라고 표현할 수 있습니다.

What do you mean by that?
왓 두 유 **미**인 바이 댓
그게 무슨 뜻이죠?

☞ '저 표지판의 뜻은 뭔가요?'라는 말은 What does that sign mean?으로 말하면 됩니다.

그럼, 말해 볼까요?

영어가 서툰 A는 B에게 가까운 지하철역의 위치를 묻는다.

A_ Excuse me. Where is the nearest subway station?
B_ Go straight ahead and turn left at the first light.
A_ I'm sorry. I'm a foreigner. My English is basic. 다시 말씀해 주시겠어요?
B_ Go straight ahead and turn left at the first light. You can't miss it.
A_ Thank you very much.

A_ 실례합니다. 가장 가까운 지하철역이 어디죠?
B_ 곧장 가서 첫 번째 신호등에서 왼쪽으로 가세요.
A_ 죄송합니다. 제가 외국인이어서 영어가 서투릅니다. **Could you repeat what you said?**
B_ 곧장 가서 첫 번째 신호등에서 왼쪽으로 가세요. 바로 찾을 수 있어요.
A_ 정말 고마워요.

119

07. 이해를 했나 확인하기

Do you understand?
- 두 유 언더스탠드
- 이해하겠어요?

☞ 비슷한 의미의 표현은 Do you follow me?, Do you get me?, Got it? 등이 있습니다.

Are you with me so far?
- 아 유 위드 미 쏘우 파
- 지금까지 한 말을 알겠어요?

☞ be with는 흔히 부정문이나 의문문에서 '이해하다'라는 의미로 쓰이기도 합니다. so far 는 '지금까지'라는 뜻입니다.

Have you got it?
- 해브 유 갓 잇
- 이해했나요?

☞ '내가 하고 있는 말을 알겠어요?'라는 말은 Do you know what I'm talking about?로 말하면 됩니다.

I understand.
- 아이 언더스탠드
- 이해했어요.

☞ 상대방의 말을 이해했다면 I understand., I see., I got it. 등의 표현을 쓰면 됩니다.

I know what you're talking about.
- 아이 노우 왓 유어 토-킹 어바웃
- 당신이 무슨 말을 하는지 알겠어요.

☞ '이제야 무슨 뜻인지 알겠어요.'라고 말한다면 Now I know what you mean.으로 말할 수 있습니다.

UNIT 6. 생각 말하기

I don't understand.
아이 돈 언더스탠드
이해가 안 됩니다.

☞ I don't get it., I don't follow you.라고 해도 비슷한 의미의 표현입니다.

The story is beyond my comprehension.
더 스토리 이즈 비욘드 마이 컴프리헨션
그 이야기는 이해가 되지 않아요.

☞ beyond one's comprehension : 이해할 수 없는

그럼, 말해 볼까요?

A는 B에게 자기가 말한 것을 이해했는지 묻는다.

*A*_ 내 말 이해하겠어? Do you know what I'm talking about?
*B*_ Could you talk a bit slower, please? I have a hard time understanding you.
*A*_ Sure, I'll talk slower. 'Erudite' is synonym for 'Sophisticated'. 알겠지?
*B*_ Yes, that's much better.

A_ **Do you understand?** 내가 말하는 것을 알겠지?
B_ 조금 천천히 말해 줄래? 네 말을 이해하기가 힘들어.
A_ 알았어, 천천히 말할게. 'Erudite'는 'Sophisticated'와 동의어야. **Have you got it?**
B_ 그래. 훨씬 낫다.

☞ erudite : 학식 있는　sophisticated : 세련된, 기교를 부린

08. 결심 · 유보 표현하기

I thought about it a lot.
아이 **쏘**옷 어바웃 잇 어 **라**앗
그 점에 대해 많이 생각해 봤어요.

☞ a lot : 아주, 많이

I've made up my mind.
아이브 메이드 업 마이 **마**인드
결심했습니다.

☞ make up one's mind : 결심하다

I've already given this a lot of thought.
아이브 올**레**디 기븐 디스 어 **랏** 오브 **쏘**오트
많이 생각해서 내린 결정입니다.

☞ '이미, 벌써'라는 말은 긍정문에서는 already, 의문문 · 부정문에서는 yet가 쓰인다는 것을 알아 두세요.

There's nothing more to discuss.
데어즈 **낫**띵 모어 투 디스커스
더 이상 얘기할 것도 없습니다.

☞ '무슨 일이 있어도 마음을 바꾸지 않을 겁니다.'는 Whatever may come, I won't change my mind.로 말할 수 있습니다.

I haven't decided yet.
아이 **해**븐 디**싸**이디드 옛
아직 결정을 못했습니다.

☞ 결정하지 못하고 망설일 때 '음, 글쎄요.'라는 표현은 Well, let me see.라고 말할 수 있습니다.

UNIT 6. 생각 말하기

It's too early to make up my mind.
- 잇츠 투 어얼리 투 메이크 업 마이 마인드
- 결정하기에는 너무 이릅니다.

☞ '좀 더 생각할 시간이 필요합니다.'라는 말은 I need more time to think about it.으로 말하면 됩니다.

You decide and I'll just follow.
- 유 디싸이드 앤 아윌 저스트 팔로우
- 당신이 결정하면 따라갈게요.

☞ 만약 '당신에게 달렸습니다.' 하고 상대방에게 결정을 미룬다면 It depends on you.라는 표현을 쓸 수 있습니다.

그럼, 말해 볼까요?

A는 B에게 자기가 결심한 것을 말한다.

*A*_ 나 **결심했어.** I'm going to leave the company.
*B*_ Really? Leaving the company?
*A*_ Yes. **많이 생각해서 내린 결정이야.** I'm going to start my own business next year.
*B*_ That's a tough decision you made. Good luck.

A_ **I've made up my mind.** 회사를 그만둘 거야.
B_ 정말? 회사를 그만둔다고?
A_ 그래. **I've already given this a lot of thought.** 내년에 내 사업을 시작할 거야.
B_ 어려운 결정을 했구나. 행운을 빈다.

123

테마별 생활 영단어

회의에 관한 단어

>> **opening address** 오우퍼닝 어드레스   개회사
>> **keynote address** 키-노우트 어드레스   기조 연설
>> **forum** 포-럼   토론회
>> **joint resolution** 조인트 레졀루-션   공동 결의
>> **majority vote** 머조-러티 보우트   과반수 의결
>> **majority rule** 머조-러티 룰   다수결 원칙
>> **unanimity** 유너니머티   만장일치
>> **ballot** 밸러트   무기명 비밀투표
>> **closed conference** 클로우즈드 컨퍼런스   비공개 회의
>> **general meeting** 제너럴 미-팅   총회
>> **quorum** 쿼-럼   정족수
>> **closing address** 크로우징 어드레스   폐회사
>> **participant** 파-티써펀트   참가자
>> **presenter** 프리젠터   발표자
>> **negotiation** 니고우쉬에이션   협상
>> **second best** 쎄컨드 베스트   차선책
>> **stopgap measure** 스탑갭 메줘   미봉책

New Situation English conversation

unit 7
전화하기

01. 전화 걸고 받기
02. 전화 바꿔 주기
03. 찾는 사람이 자리에 없을 때
04. 메시지 남기고 받기
05. 전화 트러블
06. 전화 끊기와 잘못 걸려 온 전화 받기

01. 전화 걸고 받기

Hello. Is Tom there?
헬로우 이즈 탐 데어
여보세요. 톰 있나요?

☞ 비슷한 의미의 표현은 Is Tom available?, Is Tom in? 등이 있습니다.

Hello. May I speak to Mr. Madoff?
헬로우 메이 아이 스픽 투 미스터 매도프
여보세요. 매도프 씨와 통화할 수 있을까요?

☞ 전화상에서 '~와 통화하고 싶다'는 May I speak to ~?, I'd like to speak to ~.라는 표현을 쓰면 됩니다.

Can you transfer me to the sales department?
캔 유 트랜스퍼 미 투 더 쎄일즈 디파트먼트
영업부로 연결해 주시겠어요?

☞ transfer A to B : A를 B로 옮기다

This is Junho Lee from Neobooks.
디스 이즈 준호 리 프럼 네오북스
저는 네오북스에 근무하는 이준호입니다.

☞ 전화상에서 자기를 밝힐 때에는 This is ~.라는 표현을 쓰면 됩니다.

Who's calling, please?
후즈 콜-링 플리-즈
누구신가요?

☞ 상대방이 찾는 사람이 바로 자기일 때에는 Speaking.(접니다.)으로 말할 수 있습니다.

UNIT 7. 전화하기

Is this Brad?
이즈 디스 브랫
브래드예요?

☞ 비슷한 의미의 표현은 Am I speaking to Brad?, You must be Brad. 등이 있습니다.

May I have your name, please?
메이 아이 해 뷰어 네임 플리-즈
이름이 어떻게 되십니까?

☞ 이름을 잘 듣지 못해 다시 묻는 말은 What was your name again?으로 말하면 됩니다.

 그럼, 말해 볼까요?

A는 거래처에 전화를 걸어 담당자를 찾는다.

*A*_ Hello. I'm calling from Ace Electronics. **매도프 씨와 통화할 수 있나요?**
*B*_ May I have your name, please?
*A*_ My name's Jerome Karviel.
*B*_ I'm sorry, but Mr. Madoff is not available at the moment.
*A*_ OK. **영업부로 전화를 돌려주시겠어요?**

A_ 여보세요. 에이스전자입니다. **May I speak to Mr. Madoff?**
B_ 성함이 어떻게 되시죠?
A_ 제 이름은 제롬 카비엘입니다.
B_ 죄송하지만 매도프 씨는 지금 자리에 안계십니다.
A_ 알겠습니다. **Can you transfer me to the sales department?**

02. 전화 바꿔 주기

Who do you want to speak to?
- 후 두 유 원트 투 스픽 투
- 누구를 바꿔 드릴까요?

☞ 위 문장은 who 대신 전치사 to의 목적어인 whom이 와야 하지만 흔히 구어에서는 whom 대신에 who를 쓰기도 합니다.

Hold the line, please.
- 호울 더 라인 플리-즈
- 잠시만 기다리세요.

☞ 비슷한 표현은 Hold on a second, please., Just a moment, please. 등이 있습니다.

I'll put him through.
아윌 풋 힘 뜨루우
바꿔 드리겠습니다.

☞ put through : (전화 등을) 연결하다

Let me transfer your call to him.
- 렛 미 트랜스퍼 유어 콜 투 힘
- 그에게 전화를 돌려 드리겠습니다.

☞ '톰, 2번 전화 받아 보세요.'라는 말은 Tom, pick up the phone on line two, please.로 말할 수 있습니다.

Please don't hang up while you're being transferred.
- 플리-즈 돈 행 업 와일 유어 비-잉 트랜스퍼어드
- 연결되는 동안 끊지 말고 기다리세요.

☞ hang up : 전화를 끊다. 전화 수화기를 놓다

UNIT 7. 전화하기

I'm sorry. I can't get through.
아임 **쏘**리 아이 **캔**트 겟 뜨루우

죄송합니다. 연결이 안 됩니다.

☞ 통화 중이라면 The line is busy.로 표현하면 됩니다.

Brad, there's a call for you.
브랫 데어즈 어 콜 포 유

브래드, 전화 받으세요.

☞ 톰에게서 온 전화라면 There's a call from Tom.이라고 말할 수 있습니다.

그럼, 말해 볼까요?

B는 A가 재프리 스킬링과 통화를 원하자 전화를 연결해 준다.

***A*_** Hello. This is Martin Lay from Ace Electronics. I'd like to speak to Jeffrey Skilling.
***B*_** What department does he work in?
***A*_** He is in the sales department.
***B*_** 잠시만 기다리세요. Let me transfer your call. 전화가 연결되는 동안에 끊지 마세요.

A_ 여보세요. 저는 에이스전자의 마틴 레이입니다. 제프리 스킬링 씨와 통화하고 싶습니다.
B_ 어느 부서에서 근무하시죠?
A_ 영업부에 있습니다.
B_ **Hold the line, please.** 전화를 돌려드리겠습니다. **Please don't hang up while you're being transferred.**

03. 찾는 사람이 자리에 없을 때

He's not here at the moment.
히즈 **낫 히**어 앳 더 **모**우먼트
그는 지금 여기에 없습니다.

☞ 비슷한 표현은 He's not available at the moment., He's not in at the moment. 등이 있습니다.

Hold on, please. I'll check to see if he's nearby.
호울 더언 플리-즈 아윌 **첵** 투 **씨**- 이프 히즈 니어**바**이
잠깐만요. 근처에 있는지 확인해 볼게요.

☞ hold on : (명령문 형태로) 기다려라

He just stepped out for a moment.
히 저스트 스**텝**트 **아**웃 포 러 **모**우먼트
잠깐 나가셨습니다.

☞ '점심 먹으러 나갔다'라는 말은 He just stepped out for lunch.로 표현하면 됩니다.

He's not in yet.
히즈 **낫 인** 옛
아직 안 나오셨어요.

☞ 찾는 사람이 오늘 쉰다면 Today he is off.로 표현할 수 있습니다.

When do you expect him back?
웬 두 유 익스펙트 힘 **배**액
그가 언제 돌아올까요?

☞ '5시에는 들어올 거라고 생각합니다.'라는 말은 I expect him back by five.로 말하면 됩니다.

UNIT 7. 전화하기

He'll be back in a minute.
히윌 비 **백** 인 어 **미**닛
금방 돌아오실 겁니다.

☞ 30분 안에 돌아온다면 He'll be back in 30 minutes.라고 하면 됩니다.

He's in a meeting right now.
히즈 인 어 **미**-링 라잇 **나**우
지금 회의하고 계십니다.

☞ 찾는 사람이 퇴근했다면 He has gone for the day.로 말할 수 있습니다.

그럼, 말해 볼까요?

스틴븐과 통화를 원하는 A에게 B는 스티븐이 자리에 없다고 말한다.

*A*_ Hello. Can I speak to Steven, please?
*B*_ I'm sorry, but 지금 자리에 없습니다. He just stepped out for lunch.
*A*_ When do you expect him back?
*B*_ 30분 안에 돌아올 거에요.

A_ 여보세요. 스티븐과 통화할 수 있을까요?
B_ 죄송하지만 **he's not here at the moment.** 방금 점심 식사하러 나갔습니다.
A_ 언제 돌아올까요?
B_ **He'll be back in 30 minutes.**

04. 메시지 남기고 받기

Would you take a message?
우 쥬 테이 커 메시쥐
메시지 좀 받아 주시겠습니까?

☞ 비슷한 의미의 표현은 May I leave a message?, I'd like to leave a message, please. 등이 있습니다.

Could you tell him that Brad called?
쿠 쥬 텔 힘 댓 브랫 콜드
브래드가 전화했다고 전해 주시겠어요?

☞ '들어오면 저에게 전화해 달라고 전해 주시겠어요?'라고 말한다면 Could you ask him to call me back when he comes in?으로 말할 수 있습니다.

It's not important. I'll call him back.
잇츠 낫 임포어턴트 아윌 콜 힘 배액
중요한 일은 아닙니다. 나중에 다시 하죠.

☞ 그냥 안부 인사나 하려고 전화했다고 말한다면 I just called to say hello.로 표현할 수 있습니다.

Would you like to leave a message?
우 쥬 라익 투 리-브 어 메시쥐
메시지를 남기시겠어요?

☞ May I take a message?라고 해도 비슷한 표현입니다. 만약 '전화번호를 남기시겠어요?'라는 말을 하려면 Would you like to leave your phone number?라고 하면 됩니다.

Would you like me to tell him to call you?
우 쥬 라익 미 투 텔 힘 투 콜 유
전화 드리라고 말씀드릴까요?

☞ What should I tell him?이라고 하면 '뭐라고 전해 드릴까요?'라는 말이 됩니다.

132

UNIT 7. 전화하기

I'll give him your message.
아윌 **기브** 힘 유어 **메시쥐**

메시지를 전해 드리겠습니다.

☞ '돌아오는 대로 전해 드릴게요.'는 I'll give him the message as soon as he gets here.로 말할 수 있습니다.

There was a phone call from Mr. Jordan.
데어 워즈 어 **포운** 콜 프럼 미스터 **조든**

조단 씨한테서 전화가 왔었어요.

☞ 무슨 일로 전화했는지 용건을 묻는다면 What did he say it was about?로 말하면 됩니다.

그럼, 말해 볼까요?

B는 A가 찾는 사람이 자리에 없자 A에게서 메시지를 받는다.

A _ Good morning. This is Sarah Jones. I'd like to speak to Jerome Karviel.

B _ I'm sorry but he can't come to the phone right now. He's in a meeting. **메시지를 남기시겠습니까?**

A _ Could you ask him to call me back, please?

B _ Sure. Can I have your number?

A_ 안녕하세요. 사라 존스입니다. 제롬 카비엘 씨와 통화하고 싶습니다.
B_ 죄송하지만 카비엘 씨는 지금 전화를 받을 수 없습니다. 회의 중이시거든요. **Would you like to leave a message?**
A_ 저에게 전화 부탁한다고 카비엘 씨에게 전해 주시겠어요?
B_ 알겠습니다. 전화번호를 알려주시겠어요?

05. 전화 트러블

I can't hear you well. Can you speak up a little?
아이 캔트 히어 유 웨엘 캔 유 스픽 업 어 리를
당신 말이 잘 안 들려요. 좀 크게 말씀해 주시겠습니까?

☞ Can you hear me?라고 하면 '내 말 들리세요?'라는 말이 됩니다.

I can't make out what you're saying.
아이 캔트 메익 아웃 왓 유어 쎄잉
당신이 말하는 것을 알아들을 수가 없어요.

☞ make out : 이해하다, 알아듣다

I'm getting too much static.
아임 게팅 투 머취 스태릭
잡음이 너무 심합니다.

☞ static : 잡음

Something's wrong with my phone.
썸띵즈 로옹 위드 마이 포운
내 전화에 문제가 있어요.

☞ 무언가가 잘못되었을 때에는 Something's wrong with ~.라는 표현을 쓰면 됩니다.
ex) Something's wrong with my computer. (내 컴퓨터에 문제가 있다.)

We have a bad connection.
위 해브 어 배앳 커넥션
연결 상태가 좋지 않군요.

☞ connection : (전화의) 접속, 연결

UNIT 7. 전화하기

The line's busy.
더 라인즈 비지
통화중이에요.

☞ 통화 중 신호만 들린다는 말은 I just can hear a busy signal.로 표현할 수 있습니다.

The phone was suddenly cut off.
더 포운 워즈 써든리 컷 오-프
전화가 갑자기 끊겼어요.

☞ cut off : 끊다, 중단하다

그럼, 말해 볼까요?

A와 B는 전화 통화 중에 잡음 때문에 불편함을 느낀다.

A_ I'm sorry but 네 목소리가 잘 안 들려. I'm getting too much static.
B_ 내 전화에 문제가 있나 봐.
A_ I think the phone lines got crossed. You should call the phone company.
B_ I will definitely call them.

A_ 미안하지만 **I can't hear you well.** 잡음이 너무 심해.
B_ **Something's wrong with my phone.**
A_ 전화가 혼선된 것 같아. 전화회사로 연락해 봐.
B_ 그래야겠어.

 ## 06. 전화 끊기와 잘못 걸려 온 전화 받기

I have to go now.
아이 햅 투 고우 나우
이제 그만 끊어야겠어요.

☞ 전화상에서 I have to go now.라고 하면 '이제 전화를 끊어야겠다.'라는 뜻이 됩니다.

I've taken up so much of your time.
아이브 테이컨 업 쏘우 머취 오브 유어 타임
당신 시간을 너무 빼앗은 것 같군요.

☞ take up : (시간·장소 등을) 잡다, 차지하다

Nice talking to you.
나이스 토킹 투 유
얘기 즐거웠어요.

☞ Please call again.이라고 하면 '또 전화하세요.'라는 말이 됩니다.

Thank you for calling.
땡 큐 포 콜링
전화해 줘서 고마워요.

☞ '연락하고 지내요.'는 Let's keep in touch.로 말하면 됩니다.

I'm sorry, you have the wrong number.
아임 쏘리 유 햅 더 로옹 넘버
죄송하지만 잘못 거셨습니다.

☞ 잘못 걸려온 전화를 받았을 때에는 You have the wrong number.라는 표현을 쓸 수 있습니다.

UNIT 7. 전화하기

What number did you call?
왓 넘버 디 쥬 **코**올

몇 번으로 전화를 거셨습니까?

☞ What number are you calling?이라고 해도 비슷한 표현입니다.

That's this number, but there's nobody by that name.
댓츠 디스 넘버 벗 데어스 노바디 바이 댓 네임

번호는 맞지만, 그런 이름을 가진 사람은 없습니다.

☞ '전화번호가 바뀐 것 같군요.'는 I think he changed his number.로 말하면 됩니다.

그럼, 말해 볼까요?

A는 영어 수업이 있어 B와 전화를 끊으려고 한다.

*A*_ Elizabeth, **전화해 줘서 고마워**.
*B*_ Oh, my pleasure. Nice talking to you.
*A*_ I'm really sorry but **이제 끊어야겠다**. My English class starts in 10 minutes.
*B*_ OK. I'll call you later.

A_ 엘리자베스, **thank you for calling.**
B_ 오, 아니야. 얘기 즐거웠어.
A_ 정말 미안하지만 **I have to go now.** 10분 후에 영어 수업이 시작돼.
B_ 알았어. 나중에 전화할게.

테마별 생활 영단어

전화·우편에 관한 단어

>> **telephone** 텔러포운   전화

>> **long distance call** 롱 디스턴스 콜   시외 전화(장거리)

>> **international call** 인터내셔널 콜   국제 전화

>> **collect call** 컬렉트 콜   컬렉트 콜

>> **operator** 아퍼레이터   교환

>> **cellular phone** 쎌룰러 포운   휴대폰

>> **area code** 에리어 코드   지역 번호

>> **post office** 포우스트 오-피스   우체국

>> **letter** 레러   편지

>> **stamp** 스탬프   우표

>> **postage** 포우스티지   우편 요금

>> **parcel** 파-쎌   소포

>> **address** 어드레스   주소

>> **zip code** 짚 코우드   우편 번호

>> **registered mail** 레지스터드 메일   등기 우편

>> **express mail** 익스프레스 메일   속달 우편

>> **airmail** 에어메일   항공 우편

New Situation English conversation

unit 8
교통수단

01. 버스 이용하기
02. 지하철 이용하기
03. 기차 이용하기
04. 택시 이용하기
05. 자동차 이용하기
06. 자동차 빌리기
07. 길 묻기
08. 건물 안에서 위치 묻기

01. 버스 이용하기

Excuse me. Where's the bus stop?
익스큐-즈 미 웨얼즈 더 버스 스타압
실례합니다. 버스 정류장이 어디에 있죠?

☞ 버스 정류장은 bus stop이라고 하고 택시 승차장은 taxi stand로 표현합니다.

Which bus should I take to go to City Hall?
위치 버스 슟 아이 테익 투 고우 투 씨티 홀
시청에 가려면 어떤 버스를 타야 합니까?

☞ 비슷한 의미의 표현은 Which bus goes to City Hall?, Can I take a bus to City Hall from here? 등이 있습니다.

Take number 201. It'll take you there.
테익 넘버 투오우원 잇윌 테이 큐 데어
201번을 타세요. 그 버스가 거기로 갈 겁니다.

☞ take는 많은 뜻을 가지고 있는데 위의 표현에서 앞에 나온 take는 '타다'라는 뜻이고 뒤에 나온 take는 '데려다 주다'라는 뜻을 나타냅니다.

How long will it take to get there?
하우 로옹 윌 잇 테익 투 겟 데어
거기까지 가는 데 얼마나 걸립니까?

☞ '약 30분 정도 걸려요.'는 It takes about 30 minutes.로 말하면 됩니다.

How much is the fare?
하우 머취 이즈 더 페어
요금은 얼마입니까?

☞ '~까지 요금은 얼마인가요?'라는 말은 How much is the fare to ~?라고 하면 됩니다.

UNIT 8. 교통수단

Does this bus take me to City Hall?
- 더즈 디스 버스 테익 미 투 씨티 홀
- 이 버스가 시청에 가는 버스입니까?

☞ 만약 버스를 잘못 타서 세워달라고 말한다면 I think I'm on the wrong bus. Could you stop, please?로 말하면 됩니다.

Could you tell me when I get to City Hall?
- 쿠 쥬 텔 미 웬 아이 겟 투 씨티 홀
- 시청에 도착하면 얘기해 주시겠어요?

☞ '시청에 가려면 어디에서 내려야 합니까?'는 Where do I get off for City Hall?로 표현할 수 있습니다.

그럼, 말해 볼까요?

시청에 가려고 하는 A는 B에게 어느 버스를 타야 하는지 묻는다.

A_ Excuse me. 시청에 가려면 어느 버스를 타야 합니까?
B_ Take number 201. That will take you there.
A_ 시청까지 시간은 얼마나 걸릴까요?
B_ It takes about 30 minutes.
A_ Thank you very much.

A_ 실례합니다. **Which bus should I take to go to City Hall?**
B_ 201번을 타세요. 그 버스가 시청에 갑니다.
A_ **How long will it take to get there?**
B_ 약 30분 정도 걸립니다.
A_ 감사합니다.

02. 지하철 이용하기

Where is the nearest subway station?
웨어 이즈 더 **니**어리스트 **썹**웨이 스**테**이션
가장 가까운 지하철역이 어디 있습니까?

☞ 지하철은 미국에서는 subway, 영국에서는 underground, 또는 tube라고 합니다.

Which line goes to Lotte World?
윗치 라인 **고**우즈 투 **롯**데 **월**드
롯데월드에 가려면 몇 호선을 타야 하죠?

☞ '지하철역은 어떻게 가야 합니까?'라는 말은 How can I get to the subway station?으로 말하면 됩니다.

You should take subway Line No. 1.
유 슈드 **테**익 썹웨이 라인 넘버 **원**
지하철 1호선을 타야 합니다.

☞ '~에서 6호선으로 갈아타세요.'라고 한다면 Transfer to Line No. 6 at ~.로 표현할 수 있습니다.

Where can I buy a ticket?
웨어 캔 아이 **바**이 어 **티**킷
표를 어디에서 살 수 있습니까?

☞ 자동판매기가 있느냐고 물을 때에는 Is there a vending machine for tickets?라고 하면 됩니다.

What station do I transfer at?
왓 **스테**이션 두 아이 **트랜**스퍼 앳
어느 역에서 갈아타야 합니까?

☞ '시청역에서 2호선으로 갈아타세요.'라고 한다면 Transfer to Line No. 2 at City Hall Station.으로 말하면 됩니다.

UNIT 8. 교통수단

Where should I get off?
웨어 슛 아이 겟 어프
어디에서 내려야 합니까?

☞ Get off three stops later.라고 하면 '세 정거장 후에 내리세요.'라는 표현입니다.

Where is the exit for Lotte World?
웨어 이즈 디 에그지트 포 롯데 월드
롯데월드로 나가는 출구가 어디입니까?

☞ Which exit should I use to get to Lotte World?로 말해도 비슷한 의미의 표현입니다.

그럼, 말해 볼까요?

A는 B에게 롯데월드에 가는 길을 묻는다.

A_ Excuse me. How do I get to Lotte World from here?
B_ 지하철 1호선을 타시고 시청역에서 2호선으로 갈아타세요.
A_ Where should I get off?
B_ Get off at Jamsil Station.
A_ Thank you.

A_ 실례합니다. 여기에서 롯데월드에 가려면 어떻게 해야 합니까?
B_ **You should take subway Line No. 1 and transfer to Line No. 2 at City Hall Station.**
A_ 어디에서 내려야 하죠?
B_ 잠실역에서 내리시면 됩니다.
A_ 감사합니다.

143

03. 기차 이용하기

How often do trains run to Busan?
하우 오-펀 두 츄레인즈 런 투 부산
부산행 열차는 얼마나 자주 있습니까?

☞ 기차가 30분 간격으로 있다면 It leaves every thirty minutes.라고 하면 됩니다.

What time does the train start?
왓 타임 더즈 더 츄레인 스타아트
몇 시에 기차가 출발합니까?

☞ What time does the train arrive?라고 하면 '기차가 몇 시에 도착합니까?'라는 표현입니다.

When does the next train leave for Busan?
웬 더즈 더 넥스트 츄레인 리이브 포 부산
부산으로 가는 다음 열차는 몇 시에 있나요?

☞ 부산까지 걸리는 시간을 묻는다면 How long does it take to get to Busan?으로 말하면 됩니다.

I'd like to make a reservation for Busan.
아이드 라익 투 메이 커 레줘베이션 포 부산
부산행 기차표를 예매하고 싶습니다.

☞ 매표소를 찾는다면 Where is the ticket office?라고 말할 수 있습니다.

A ticket to Busan, please.
어 티킷 투 부산 플리즈
부산행 표 한 장 주세요.

☞ 편도표는 one-way ticket, 왕복표는 round-trip ticket으로 표현합니다.

UNIT 8. 교통수단

What track is for Busan?
왓 트랙 이즈 포 부산
부산행은 몇 번 트랙입니까?

☞ 상대방이 묻는 기차가 2번 트랙에서 떠난다면 Your train leaves on Track No. two.라고 표현할 수 있습니다.

Is this the train to Busan?
이즈 디스 더 츄레인 투 부산
이 열차가 부산으로 가는 열차입니까?

☞ '이 기차가 ~행인가요?'라는 말은 Is this the train to ~?로 표현하면 됩니다.

그럼, 말해 볼까요?

부산에 가려고 하는 A는 B에게 기차 편에 대해 묻는다.

A_ Hello. 부산행 기차는 얼마나 자주 있습니까?
B_ They run every 20 minutes.
A_ 다음 기차는 몇 시에 출발합니까?
B_ The next train leaves at 9:30.
A_ I'd like a one-way ticket, please. How much is it?
B_ It's 51,000 Won.

A_ 안녕하세요. **How often do trains run to Busan?**
B_ 20분마다 있습니다.
A_ **When does the next train leave?**
B_ 9시 30분에 출발합니다.
A_ 편도로 한 장 주세요. 얼마죠?
B_ 51,000원입니다.

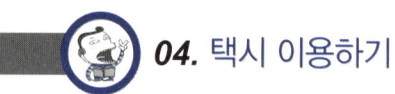

04. 택시 이용하기

Where to, sir?
- 웨어 투 써어
- 어디로 가십니까?

☞ 이 표현은 택시 운전사가 손님에게 목적지를 묻는 표현으로 Where are you going?의 뜻입니다.

Can you take me to City Hall?
- 캔 유 테익 미 투 씨티 홀
- 시청으로 가 주시겠습니까?

☞ 택시를 타고 '~에 가 주시겠어요?'라는 말은 Can you take me to ~.로 표현할 수 있습니다.

Please take me to the Hilton Hotel.
- 플리즈 테익 미 투 더 힐튼 호텔
- 힐튼 호텔로 가 주세요.

☞ 걸리는 시간을 묻는다면 How long will it take?라고 말하면 됩니다.

Here we are, sir. Where should I let you out?
- 히어 위 아 써어 웨어 슈드 아이 렛 유 아웃
- 다 왔습니다. 손님. 어디에서 내려 드릴까요?

☞ 목적지에 도착했을 때 '다 왔다'라는 뜻은 Here we are.라고 말하면 됩니다.

Please drop me off at the next corner.
- 플리즈 드랍 미 어프 앳 더 넥스트 코너
- 다음 코너에서 내려 주세요.

☞ drop off : (차 등에서) 하차하다, 하차시키다

UNIT 8. 교통수단

● **Can you drop me off at the next intersection?**
● 캔 유 드랍 미 어프 앳 더 넥스트 인터섹션
● 다음 교차로에서 내려 주시겠어요?

☞ Let me get off here.라고 하면 '여기에서 내려 주세요.'라는 말이 됩니다.

● **How much is the fare?**
● 하우 머취 이즈 더 페어
● 요금이 얼마죠?

☞ '잔돈은 가지세요.'라는 말은 Keep the change.라고 말하면 됩니다.

그럼, 말해 볼까요?

택시를 탄 B는 택시 기사 A에게 시청으로 가자고 말한다.

*A*_ Where to, sir?
*B*_ **시청으로 가 주시겠어요?**
*A*_ Sure.
*B*_ **시간은 얼마나 걸릴까요?**
*A*_ It depends on traffic, but usually it takes around 30 minutes.

A_ 손님, 어디 가세요?
B_ **Can you take me to City Hall?**
A_ 알겠습니다.
B_ **How long will it take?**
A_ 교통 상황에 따라 다르지만 보통 30분 정도 걸립니다.

05. 자동차 이용하기

Could you give me a ride to the bank?
쿠 쥬 깁 미 어 **라**이드 투 더 **뱅**크
은행까지 좀 태워 주실래요?

☞ ride는 '차에 태움'이란 뜻으로 give ~ a ride라고 하면 '~를 차에 태워 주다'라는 말이 됩니다.

Get in! I'll take you there.
겟 이인 아윌 테이 큐 데어
타세요! 그 곳으로 데려다 줄게요.

☞ get in은 자가용이나 택시를 탈 때 사용하고 get on은 버스나 지하철 등을 탈 때 사용합니다.

Put on your seat belt.
풋 온 유어 **씨**잇 벨트
안전벨트를 매세요.

☞ put on : ~을 입다, 쓰다, 끼다

Where shall I drop you off?
웨어 쉘 아이 드랍 유 **오**프
어디에서 내려 줄까요?

☞ '그냥 저쯤에서 내려주세요.'는 Just drop me off over there.로 말하면 됩니다.

Please pull up in front of the bank.
플리-즈 풀 업 인 프런트 오브 더 **뱅**크
은행 앞에 세워 주세요.

☞ pull up : (차 등이) 서다, (운전자가) 차를 세우다

UNIT 8. 교통수단

The traffic is really bad today.
더 츄래픽 이즈 리얼리 뱃 터데이
오늘은 교통이 아주 혼잡하군요.

☞ 교통 체증은 traffic jam이라고 표현하면 됩니다.

What's the holdup?
왓츠 더 호울드업
무엇 때문에 밀리죠?

☞ '앞에 교통사고라도 난 것 같은데요.'라는 표현은 I wonder if there's an accident up ahead.로 말할 수 있습니다.

그럼, 말해 볼까요?

A는 B에게 은행까지 차로 데려다 줄 수 있냐고 묻는다.

A_ 은행까지 좀 태워 줄래?
B_ Sure. 타! 거기까지 태워 줄게. Put on your seat belt.
A_ OK. I don't want you to get a fine from the police.
(잠시 후)
A_ Why does it take so long? I wonder if there's an accident up ahead.
B_ It's always like this during rush hour.

A_ **Could you give me a ride to the bank?**
B_ 알았어. **Get in! I'll take you there.** 안전벨트를 매고.
A_ 알았어. 네가 경찰에게 딱지 떼는 것은 원치 않으니까.
(잠시 후)
A_ 왜 이렇게 오래 걸리지? 앞에 사고라도 난 건지 모르겠네.
B_ 러시아워에는 항상 이래.

06. 자동차 빌리기

I'd like to rent a car.
아이드 라익 투 렌트 어 카아
차를 한 대 빌리고 싶습니다.

☞ 차의 종류를 말할 때 소형차는 compact car, 중형차는 midsize sedan, 고급 대형차는 luxury sedan이라고 표현합니다.

What kind of car would you like?
왓 카인 더브 카아 우 쥬 라익
어떤 차를 원하십니까?

☞ 중형차를 원하면 I'd like a midsize sedan.으로 말하면 됩니다.

I'd like an automatic.
아이드 라이 컨 오토매틱
오토매틱 차를 원합니다.

☞ automatic은 '자동의, 기계적인'의 뜻이 있지만 자동변속기가 달린 자동차를 말하기도 합니다.

How long would you like to use it?
하우 로옹 우 쥬 라익 투 유즈 잇
얼마 동안 쓰시겠습니까?

☞ How many days will you need the car?라고 해도 비슷한 표현입니다.

What are your rates for renting a car?
왓 아 유어 레잇츠 포 렌팅 어 카아
차를 대여하는 요금이 어떻게 됩니까?

☞ rate는 '요금, 대금, 운송료'라는 뜻이고 전문적인 서비스에 대한 수수료나 조직, 기관 등에 내는 요금은 fee라는 단어를 사용합니다.

UNIT 8. 교통수단

Where can I leave the car?
- 웨어 캔 아이 리이브 더 카아
- 차는 어디로 반납합니까?

☞ '공항으로 반납하세요.'라는 표현은 You must return the car to the airport.로 말할 수 있습니다.

Do you require insurance?
- 두 유 리콰이어 인슈어런스
- 보험이 필요하십니까?

☞ '종합 보험으로 하겠습니다.'는 I'd like full coverage, please.로 말하면 됩니다.

그럼, 말해 볼까요?

차를 빌리려는 A는 B에게 렌터카에 대해 문의한다.

*A*_ **차를 빌리고 싶습니다.** What are the rental conditions?
*B*_ You must be at least 18 years old and have an international driver's license.
*A*_ What kind of cars do you offer?
*B*_ We have a wide variety of cars : compact cars, midsize sedans, luxury sedans, SUVs. You can rent whatever you like.

A_ **I'd like to rent a car.** 빌리는 조건이 어떻게 되죠?
B_ 18세 이상이 되셔야 하고 국제운전면허증이 있어야 합니다.
A_ 어떤 종류의 차가 있나요?
B_ 다양한 차종이 있어요. 소형차, 중형차, 고급 대형차, SUV 등이요. 당신이 원하는 것은 무엇이든지 빌릴 수 있습니다.

07. 길 묻기

Can I ask you for directions?
캔 아이 애스 큐 포 디렉션즈
길 좀 물어봐도 될까요?

☞ ask for directions : 길을 묻다

Can you tell me how to get to the bank?
캔 유 텔 미 하우 투 겟 투 더 뱅크
은행 가는 길을 알려주시겠어요?

☞ '~에 가는 길을 알려주시겠어요?' 하고 길을 물을 때에는 Can you tell me how to get to ~? 또는 How do I get to ~?라는 표현을 쓰면 됩니다.

Could you tell me in more detail?
쿠 쥬 텔 미 인 모어 디테일
좀 더 자세히 알려주실 수 있습니까?

☞ in detail : 상세하게

How long will it take?
하우 롱 윌 잇 테익
얼마나 걸릴까요?

☞ '여기서 먼가요?'라는 말은 How far is it from here?로 말할 수 있습니다.

Go straight ahead for two blocks, then turn right.
고우 스트레잇 어헤드 포 투 블락스 덴 턴 라잇
두 블록을 곧장 가서 오른쪽으로 가세요.

☞ 상대방에게 '~블록 죽 가서 오른쪽[왼쪽]으로 가세요.' 하고 길을 알려줄 때에는 Go straight ahead for ~ blocks, then turn right[left].라는 표현을 쓰면 됩니다.

UNIT 8. 교통수단

Walk that way. It's on your right.
- 워크 댓 웨이 잇츠 언 유어 라잇
- 저 길로 걸어가세요. 오른쪽에 있습니다.

☞ '길 건너편에 있어요.'는 It's across the road.로 말하면 됩니다.

Turn left at the second light.
- 턴 레프트 앳 더 쎄컨드 라잇
- 두 번째 신호등에서 좌회전을 하세요.

☞ '쉽게 찾을 수 있어요.'라는 표현은 You can't miss it.으로 말할 수 있습니다.

그럼, 말해 볼까요?

A는 B에게 은행 가는 길을 묻는다.

A_ Excuse me. 은행 가는 길을 알려주시겠어요?
B_ Just walk to the corner and turn right. Go straight ahead for two blocks, and you'll see the bank next to the post office. 쉽게 찾으실 수 있을 거예요.
A_ Thank you very much.
B_ You're welcome.

A_ 실례합니다. **Can you tell me how to get to the bank?**
B_ 저 코너까지 가서 오른쪽으로 도세요. 2블록을 곧장 더 가면 우체국 옆에 은행이 보일 겁니다. **You can't miss it.**
A_ 정말 고맙습니다.
B_ 천만에요.

08. 건물 안에서 위치 묻기

Excuse me. Which way are the rest rooms?
익스큐즈 미 위치 웨이 아 더 레스트 룸즈
실례합니다. 화장실은 어디로 가야 하나요?

☞ '~는 어디로 가야 하나요?' 하고 길이나 위치를 물을 때 Which way is/are ~?라는 표현을 쓸 수 있습니다.

Excuse me. Where is Doctor Taylor's office?
익스큐즈 미 웨어 이즈 닥터 테일러즈 오피스
실례합니다. 테일러 박사의 사무실이 어디죠?

☞ '~는 어디에 있나요?'라는 표현은 Where is/are ~?로 말하면 됩니다.

Is there a drugstore in this building?
이즈 데어 러 드럭스토어 인 디스 빌딩
이 건물에 약국이 있습니까?

☞ '~이 있다'라는 의미를 나타낼 때 There is[are] ~.라는 표현을 씁니다. 여기서 there는 문장을 유도한다고 해서 유도부사라고 합니다.

It's down the hall on the left.
잇츠 다운 더 홀 언 더 레프트
복도를 따라가면 좌측에 있어요.

☞ '복도 끝까지 가서 왼쪽으로 도세요.'라는 말은 Go to the end of the hall and turn left.로 말하면 됩니다.

Walk up the stairs to the third floor.
워크 업 더 스테어즈 투 더 써어드 플로어
3층까지 걸어 올라가세요.

☞ 참고로 '계단을 내려가다'는 walk down the stairs로 말하면 됩니다.

UNIT 8. 교통수단

It's the third office on your right.
- 잇츠 더 **써**어드 **오**피스 언 유어 **라**잇
- 당신 오른쪽으로 3번째 사무실입니다.

☞ on one's right[left] : 오른편[왼편]에

It's on the second floor.
- 잇츠 언 더 **쎄**컨드 플로어
- 2층에 있습니다.

☞ '지하 2층에 있다.'는 It's on B2.로 말하면 됩니다.

그럼, 말해 볼까요?

A는 B에게 테일러 박사 사무실의 위치를 묻는다.

A _ Excuse me. 테일러 박사의 사무실이 어디인가요?
B _ Go to the end of the hall and turn right. 오른쪽으로 3번째 사무실입니다.
A _ Are there any rest rooms on this floor?
B _ They are next to the elevators.
A _ Thank you.

A_ 실례합니다. **Where is Doctor Taylor's office?**
B_ 복도 끝까지 가서 오른쪽으로 도세요. **It's the third office on your right.**
A_ 이 층에는 화장실이 있나요?
B_ 엘리베이터 옆에 있습니다.
A_ 감사합니다.

테마별 생활 영단어

방향에 관한 단어

>> **east** 이-스트	동
>> **west** 웨스트	서
>> **south** 싸우쓰	남
>> **north** 노-쓰	북
>> **forward** 포-워드	앞으로
>> **backward** 백워드	뒤로
>> **right** 라이트	오른쪽
>> **left** 레프트	왼쪽
>> **up** 업	위로
>> **down** 다운	아래로
>> **in** 인	안에
>> **out** 아웃	밖에
>> **side** 싸이드	옆
>> **middle** 미들	중간
>> **across** 아크로-스	맞은편에
>> **near** 니어	가까이에
>> **sign** 싸인	표시

New Situation English conversation

unit 9
쇼핑하기

01. 물건 찾기
02. 옷 사기
03. 상품 추천하기
04. 마음에 들거나 마음에 들지 않을 때
05. 가격 흥정하기
06. 계산하기
07. 포장 · 배달 부탁하기
08. 반품 · 환불 · 교환 요청하기

01. 물건 찾기

Which floor is ladies's wear on?
위치 플로어 이즈 레이디즈 웨어 온
숙녀복은 몇 층에 있습니까?

☞ 남성복은 men's wear, 아동복은 children's wear라고 합니다.

Where is the cosmetics counter?
웨어 이즈 더 카즈메릭즈 카운터
화장품 코너는 어디에 있나요?

☞ 만약 3층에 있다면 It's on the third floor.라고 하면 됩니다.

Take the escalator to the third floor.
테익 디 에스컬레이러 투 더 써어드 플로어
에스컬레이터를 타고 3층으로 가세요.

☞ '엘리베이터를 타고 5층에서 내리세요.'라는 말은 Take the elevator and get off on the 5th floor.라고 하면 됩니다.

I'm looking for the book "pride and Prejudice".
아임 룩킹 포 더 북 프라이드 앤 프레쥬디스
"오만과 편견"이라는 책을 찾고 있습니다.

☞ 물건을 찾을 때에는 I'm looking for ~., 또는 I'm trying to find ~.라는 표현을 쓸 수 있습니다.

I'm trying to find a present for my wife.
아임 츄라잉 투 파인드 어 프레즌트 포 마이 와이프
내 아내에게 줄 선물을 찾고 있습니다.

☞ 만약 추천을 부탁한다면 What do you think will be a good present for my wife?라고 표현하면 됩니다.

UNIT 9. 쇼핑하기

Please show me some hats.
플리-즈 쑈우 미 썸 햇츠
모자 좀 보여 주세요.

☞ 만약 '누가 사용하실 건가요?'라고 묻는다면 Who will be using this?로 말하면 됩니다.

Do you have it in stock?
두 유 해브 잇 인 스탁
그 물건은 있습니까?

☞ have in stock : 재고품이 있다

그럼, 말해 볼까요?

B는 사려고 하는 책에 대해 A에게 문의를 한다.

A_ May I help you?
B_ **'오만과 편견'이라는 책을 찾고 있습니다.** Do you have it in stock?
A_ One moment, please. Let me check in the database. Yes, we have it. It's in the fiction section.
B_ Which floor is the fiction section on?
A_ **에스컬레이터를 타고 2층으로 가세요.**

A_ 제가 도와드릴까요?
B_ **I'm looking for the book 'pride and Prejudice'.** 재고가 있나요?
A_ 잠시만 기다리세요. 데이터를 확인해 보겠습니다. 예, 있네요. 소설 섹션에 있습니다.
B_ 소설 섹션은 몇 층에 있나요?
A_ **Take the escalator to the second floor.**

02. 옷 사기

What size do you wear?
왓 싸이즈 두 유 웨어
사이즈가 어떻게 되나요?

☞ What size would you like?라고 해도 비슷한 표현입니다.

I wear a medium.
아이 웨어 어 미-디엄
중간 사이즈를 입습니다.

☞ 작은 사이즈는 small, 중간은 medium, 큰 사이즈는 large, 더 큰 사이즈는 extra-large 로 말하면 됩니다.

What material is it made of?
왓 머티리얼 이즈 잇 메이드 오브
무슨 재질로 만들어졌습니까?

☞ be made of ~ : ~로 만들어져 있다

Can I try this on?
캔 아이 츄라이 디스 언
입어 봐도 되나요?

☞ 탈의실이 어디에 있는지 묻는다면 Where's the dressing room?으로 말하면 됩니다.

It's too tight. Do you have a larger size?
잇츠 투- 타잇 두 유 해브 어 라저 싸이즈
너무 꽉 조입니다. 약간 큰 것이 있습니까?

☞ 헐렁하다면 loose, 작다면 small, 크다면 big으로 표현하고 옷이 딱 맞는다면 It's just right.라고 말하면 됩니다.

160

UNIT 9. 쇼핑하기

Does this come in a smaller size?
더즈 디스 컴 인 어 스모올러 싸이즈
이 옷으로 더 작은 사이즈가 있습니까?

☞ '한 치수 큰 것을 보여 주시겠습니까?'라는 표현은 Could you show me one size up?
으로 말할 수 있습니다.

It's too flashy. Can't you find something more casual?
잇츠 투 플래쉬 캔 츄 파인드 썸띵 모어 캐쥬얼
옷이 너무 화려해요. 좀 수수한 것이 없습니까?

☞ 같은 디자인으로 다른 색상을 원하다면 Do you have this in another color?라는 표현
을 쓰면 됩니다.

그럼, 말해 볼까요?

마음에 드는 옷을 발견한 A는 점원 B에게 입어 봐도 되냐고 묻는다.

*A*_ This looks good. What material is it made of?
*B*_ It's silk from Cambodia.
*A*_ **이거 입어 봐도 되나요?**
*B*_ Sure. The dressing rooms are right over there.
*B*_ How does it fit?
*A*_ **너무 꽉 조입니다. 약간 큰 사이즈가 있나요?**

A_ 이 옷 좋아보이네요. 어떤 소재로 만들어졌나요?
B_ 캄보디아산 실크예요.
A_ **Can I try this on?**
B_ 물론입니다. 탈의실은 바로 저기에 있어요.
B_ 잘 맞으세요?
A_ **It's too tight. Do you have a larger size?**

03. 상품 추천하기

Do you have a particular style in mind?
두 유 해브 어 퍼티큘러 스타일 인 마인드
특별히 마음에 둔 스타일이 있습니까?

☞ have ~ in mind : ~을 마음에 두다

Is there any special brand you like?
이즈 데어 애니 스페셜 브랜드 유 라익
특별히 원하시는 브랜드가 있습니까?

☞ What brand do you prefer?라고 해도 비슷한 표현입니다.

Are you looking for any particular color?
아 유 룩킹 포 애니 퍼티큘러 컬러
특별히 찾는 색상은 있나요?

☞ look for : 찾다, 구하다

How do you like this one?
하우 두 유 라익 디스 원
이것은 어떻습니까?

☞ '손님에게 딱 맞는 것이 있어요.'라는 말은 I've got exactly what you need.로 말할 수 있습니다.

This is a hot sale item nowadays.
디스 이즈 어 핫 쎄일 아이럼 나우어데이즈
이것이 요즘 잘 팔리는 상품입니다.

☞ hot은 구어에서 '(상품이) 인기 있는, 유행하는'의 뜻으로 쓰이기도 합니다.

UNIT 9. 쇼핑하기

It's selling like hot cakes.
잇츠 쎌링 라익 핫 케익스

그 물건은 날개 돋친 듯이 팔립니다.

☞ 물건이 날개 돋친 듯이 팔릴 때 sell like hot cakes라는 표현을 씁니다.

This is the best one that we have.
디스 이즈 더 베스트 원 댓 위 해브

이게 저희가 갖고 있는 가장 좋은 물건입니다.

☞ 만약 물건이 잠시 품절 상태라면 We are temporarily out of stock.으로 말하면 됩니다.

그럼, 말해 볼까요?

A가 사려고 하는 제품이 없자 B는 다른 제품을 권한다.

A_ Hi. I'd like to buy a laptop.
B_ 특별히 원하시는 브랜드가 있습니까?
A_ Yes. Toshiba.
B_ I'm sorry, but we are temporarily out of stock. 이 제품은 어떠세요? It's a Korean brand. It's selling like hot cakes.
A_ It looks good. How much is it?

A_ 안녕하세요. 노트북을 사려고 합니다.
B_ **Is there any special brand you like?**
A_ 예. 도시바 제품이요.
B_ 죄송하지만 잠시 품절 상태입니다. **How do you like this one?** 한국 제품인데 아주 잘 팔립니다.
A_ 좋아 보이네요. 얼마예요?

04. 마음에 들거나 마음에 들지 않을 때

This is perfect! I'll take it.
디스 이즈 퍼-픽트 아윌 테이 킷
마음에 들어요! 사겠습니다.

☞ '이 물건이 딱 내 취향입니다.'라는 말은 This is my favorite.로 말할 수 있습니다.

I'll take one of each.
아윌 테익 원 오브 이-취
각각 하나씩 사겠습니다.

☞ '둘 다 주세요.'라는 말은 I'll take them both.라고 하면 됩니다.

The more I see it, the more I like it.
더 모어 아이 씨 잇 더 모어 아이 라이 킷
보면 볼수록 마음에 듭니다.

☞ The more ~, the more ~ : ~하면 할수록 더 ~하다
ex) The more you have, the more you want. (가지면 가질수록 더 가지고 싶다.)

I don't like it. Can you show me some others?
아이 돈 라이 킷 캔 유 쑈우 미 썸 아더즈
마음에 안 드는군요. 다른 것을 보여 주실래요?

☞ 마음에 드는 것이 없다면 There's nothing I like.로 말할 수 있습니다.

It's not my style.
잇츠 낫 마이 스타일
제 스타일이 아니군요.

☞ 다른 디자인을 보고 싶다면 May I see others in a different style?으로 말하면 됩니다.

UNIT 9. 쇼핑하기

● I can't find what I'm looking for.
- 아이 캔트 파인드 왓 아임 룩킹 포
- 제가 찾는 물건이 없네요.

☞ 물건을 살 생각이 없을 때 우리는 흔히 '좀 생각해 볼게요.'라는 말을 하는데 영어로는 Let me think for a while.로 표현할 수 있습니다.

● I think I'll shop around.
- 아이 띵크 아윌 샵 어라운드
- 다른 데에도 가 봐야겠습니다.

☞ 물건을 살 때 여기저기 둘러보고 산다는 말은 shop around로 표현합니다.

그럼, 말해 볼까요?

B는 자기가 원하는 티셔츠를 찾자 사려고 한다.

A_ How do you like the color?
B_ I like it. Blue is my favorite color. How much is this T-shirt?
A_ Only 5$. It's on sale.
B_ 마음에 들어요! 사겠습니다. This T-shirt is definitely my style.

A_ 색상은 어떠세요?
B_ 좋은데요. 푸른색은 내가 좋아하는 색이에요. 이 티셔츠는 얼마에요?
A_ 5달러밖에 안돼요. 세일 중이거든요.
B_ **This is perfect! I'll take it.** 이 티셔츠는 정말 내가 좋아하는 스타일이에요.

05. 가격 흥정하기

I think it's too expensive.
아이 띵크 잇츠 투- 익스펜씨브
너무 비싼 것 같습니다.

☞ 생각했던 것보다 비싸다면 It's more than I expected.로 말할 수 있습니다.

I don't have that much money.
아이 돈 해브 댓 머취 머니
그것을 살 만한 돈이 없어요.

☞ that much : 그 만큼, 그런 정도[양]

Can you come down a little on this?
캔 유 컴 다운 어 리틀 온 디스
좀 깎아 주실 수 있습니까?

☞ 비슷한 의미의 표현은 Can you give me a discount?, Can you come down on the price? 등이 있습니다.

How much of a discount can you give me?
하우 머취 오브 어 디스카운트 캔 유 깁 미
얼마나 깎아 주실 수 있습니까?

☞ '현금으로 사면 좀 할인이 되나요?'라는 말은 If I pay in cash, will you give me a better deal?로 말할 수 있습니다.

I'll offer this at half the sale price.
아윌 오-퍼 디스 앳 해프 더 쎄일 프라이스
이것을 판매가의 반액으로 드리겠습니다.

☞ '더 이상 할인해 드릴 수 없습니다.'는 I can't come down any more.로 말하면 됩니다.

UNIT 9. 쇼핑하기

I'm sorry. I can't give you any discounts.
아임 쏘리 아이 캔트 깁 유 애니 디스카운츠
죄송하지만 깎아 드릴 수가 없습니다.

☞ '마음에 안 드시면 안 사셔도 됩니다.'라는 표현은 If you don't like it, then leave it.으로 말하면 됩니다.

We do not bargain. Our prices are fixed.
위 두 낫 바겐 아워 프라이시즈 아 픽스트
우리는 할인을 하지 않습니다. 정찰제입니다.

☞ bargain : 값을 깎다, 흥정하다   fixed : 고정된, 정착된, 불변의

그럼, 말해 볼까요?

A는 티셔츠 하나에 100달러나 하자 너무 비싸다고 말한다.

*A*_ Excuse me. There's no price tag on this T-shirt. How much is it?
*B*_ It's $100.
*A*_ What? 너무 비싼 것 같아요. Can you give me a discount?
*B*_ I'm sorry, sir. 우리는 할인을 하지 않습니다. Our prices are fixed.
*A*_ OK. Don't you have anything cheaper in this style?

A_ 실례합니다. 이 티셔츠에는 가격표가 없군요. 얼마에요?
B_ 100달러입니다.
A_ 예? **I think it's too expensive.** 좀 깎아 주실 수 있어요?
B_ 죄송합니다, 손님. **We do not bargain.** 정찰제입니다.
A_ 알았어요. 이 스타일로 좀 싼 것은 없나요?

06. 계산하기

Where can I pay for these things?
웨어 캔 아이 페이 포 디-즈 띵즈
이 물건들을 어디에서 계산하면 됩니까?

☞ pay for : 대금을 지불하다

How much does that come to?
하우 머취 더즈 댓 컴 투
전부 얼마에요?

☞ 비슷한 표현은 How much is it all together?, What's the total for all of this? 등이 있습니다.

How would you like to pay?
하우 우 쥬 라익 투 페이
어떻게 지불하시겠어요?

☞ 이 표현은 손님이 대금을 어떻게 지불할 것인지 지불 방식에 대해 묻는 표현입니다.

Will that be cash or charge?
윌 댓 비 캐쉬 오어 챠아쥐
현금으로 계산하시겠어요, 카드로 계산하시겠어요?

☞ 그냥 짧게 Cash or charge?라고 하기도 합니다.

I'll pay by credit card.
아윌 페이 바이 크레딧 카드
카드로 계산하겠습니다.

☞ 현금으로 계산한다면 I'll pay in cash.라고 하면 됩니다.

UNIT 9. 쇼핑하기

● Can I pay in installments?
● 캔 **아**이 페이 인 인스**톨**먼츠
● 할부로 구입해도 되나요?

☞ in[by] installments : 분납으로

● I'd like to pay by installments over six months.
● 아이드 **라**익 투 페이 바이 인스**톨**먼츠 오버 **씩**스 먼쓰쓰
● 6개월 할부로 계산하고 싶습니다.

☞ 참고로 '우리 가게는 현금만 받습니다.'라는 표현은 Sorry. We only take cash.로 말하면 됩니다.

그럼, 말해 볼까요?

A는 쇼핑을 마친 후 계산대에서 계산을 하려고 한다.

*A*_ 전부 얼마에요?
*B*_ $125. 현금으로 계산하시겠어요, 카드로 계산하시겠어요?
*A*_ I'll pay by credit card.
*B*_ Can I have your credit card, sir? How would you like to pay?
*A*_ I'd like to pay in full.

A_ **How much does that come to?**
B_ 125달러입니다. **Will that be cash or charge?**
A_ 카드로 계산하겠습니다.
B_ 카드를 주시겠어요, 손님? 어떻게 지불하시겠어요?
A_ 일시불로 해 주세요.

169

07. 포장 · 배달 부탁하기

Would you wrap this up?
- 우 쥬 랩 디스 업
- 포장 좀 해 주시겠어요?

☞ wrap ~ up : ~을 포장하다, 감싸다

Could you gift-wrap this, please?
- 쿠 쥬 기프트-랩 디스 플리즈
- 선물용으로 포장해 주시겠습니까?

☞ 선물은 present와 gift가 있는데 present는 친한 사람들 사이의 선물을 말하고 gift는 present보다 격식을 차린 말로 값어치가 있는 것을 나타냅니다.

Wrap them separately, please.
- 랩 뎀 세퍼러틀리 플리-즈
- 따로따로 포장을 부탁드립니다.

☞ separately : 따로따로, 각기

Can I have a bag with that?
- 캔 아이 해 버 백 위드 댓
- 담을 봉지 하나 주시겠습니까?

☞ 종이 봉지는 paper bag, 쇼핑백은 shopping bag으로 표현하면 됩니다.

I'd like you to deliver it to this address.
- 아이드 라익 유 투 딜리버 릿 투 디스 애드레스
- 이 주소로 배달 좀 부탁합니다.

☞ deliver : 배달하다, 전하다

170

UNIT 9. 쇼핑하기

When can I get it?
- 웬 캔 아이 겟 잇
- 물건을 언제 받을 수 있죠?

☞ '약 이틀 정도 걸립니다.'는 It'll take about two days.로 말하면 됩니다.

Do I have to pay for the delivery?
- 두 아이 햅 투 페이 포 더 딜리버리
- 배송료를 지불해야 하나요?

☞ 물건을 살 때 배송료 포함 가격인지를 묻는 말은 Is the delivery charge included?로 말할 수 있습니다.

그럼, 말해 볼까요?

A는 딸에게 줄 선물을 사기 위해 인형가게에 간다.

***A*_** I'm trying to find a present for my daughter.
***B*_** How about this teddy bear? I'll bet she will like it.
***A*_** Oh, it's so cute! How much is it?
***B*_** It's 10 dollars.
***A*_** OK. I'll take it. **선물용으로 포장해 주시겠어요?**

A_ 딸에게 줄 선물을 사려고 하는데요.
B_ 이 곰 인형은 어때요? 틀림없이 따님이 좋아할 겁니다.
A_ 오, 정말 귀여운데요! 얼마에요?
B_ 10달러입니다.
A_ 좋아요. 그거 살게요. **Could you gift-wrap this, please?**

08. 반품 · 환불 · 교환 요청하기

I'd like to return this necktie.
아이드 라익 투 리턴 디스 넥타이
이 넥타이를 반품하고 싶습니다.

☞ 반품하려는 이유를 묻는다면 May I ask you why you're returning it?으로 말하면 됩니다.

May I have a refund on this, please?
메이 아이 해브 어 리-펀드 온 디스 플리-즈
이것을 환불 받을 수 있나요?

☞ refund : 환불, 상환

Do you have the receipt?
두 유 해브 더 리씨-잇
영수증이 있으신가요?

☞ 영수증이 없어 환불이 곤란하다고 말한다면 If you don't have the receipt, we can't do it for you.라고 말할 수 있습니다.

It's against store policy to give refunds.
잇츠 어겐스트 스토어 팔씨 투 기브 리-펀즈
저희 가게에서는 규정상 환불을 해 주지 않습니다.

☞ against : ~에 반하여, ~에 반대하여
ex) It's against etiquette to do so. (그렇게 하는 것은 예의에 어긋나는 것이다.)

Can I exchange it for another one?
캔 아이 익스췌인쥐 잇 포 어나더 원
다른 것으로 교환할 수 있습니까?

☞ exchange A for B : A를 B와 교환하다

UNIT 9. 쇼핑하기

It's not working right.
잇츠 낫 워-킹 라잇
제대로 작동하지 않아요.

☞ 가전제품 등이 제대로 작동하지 않고 고장 나다라는 표현은 위 표현 외에 break down, out of order 등이 있습니다.

I didn't find any defects when I bought it.
아이 디든트 파인드 애니 디-펙츠 웬 아이 보-옷 잇
제가 살 때에는 결함이 있는 것을 몰랐어요.

☞ defect : 결함

그럼, 말해 볼까요?

제품이 찢어진 것을 모르고 산 A는 다른 것으로 교환을 하려고 한다.

*A*_ This is torn. 다른 것으로 교환할 수 있습니까?
*B*_ Do you have the receipt on you?
*A*_ Yes. Here it is.
*B*_ I'm sorry. Unfortunately this item is out of stock.
*A*_ Oh. I see. 그러면 환불 받을 수 있을까요?

A_ 이 제품이 찢어졌어요. **Can I exchange it for another one?**
B_ 영수증을 가지고 계신가요?
A_ 예, 여기 있습니다.
B_ 죄송합니다. 불행히도 이 제품은 지금 없습니다.
A_ 아, 알겠어요. **May I have a refund on this, please?**

173

테마별 생활 영단어

쇼핑 장소에 관한 단어

>> **department store** 디팔먼 스토어   백화점
>> **shopping center** 샤핑 쎈터   쇼핑 센터
>> **shoe store** 슈 스토어   신발 가게
>> **souvenir shop** 수버니어 샵   기념품점
>> **sports shop** 스포-츠 샵   스포츠용품점
>> **stationery shop** 스테이셔너리 샵   문구점
>> **bookstore** 북스토어   서점
>> **camera shop** 캐머러 샵   카메라점
>> **antique shop** 앤틱 샵   골동품점
>> **duty-free shop** 듀티-프리 샵   면세품점
>> **jewelry store** 쥬얼리 스토어   보석점
>> **toy shop** 토이 샵   장난감 가게
>> **furniture store** 퍼니쳐 스토어   가구점
>> **grocery** 그로써리   식료품점
>> **fish shop** 피쉬 샵   생선 가게
>> **fruit shop** 프루웃 샵   과일 가게
>> **optician's** 압티션즈   안경점

테마별 생활 영단어

의류에 관한 단어

>> **men's wear** 맨즈 웨어	남성복
>> **ladies' wear** 레이디즈 웨어	숙녀복
>> **children's wear** 칠드런즈 웨어	아동복
>> **business suit** 비지니스 수웃	신사복
>> **jacket** 재킷	상의
>> **fitting room** 피팅 룸	탈의실
>> **size** 싸이즈	칫수
>> **skirt** 스커트	치마
>> **T-shirts** 티셔엇	티셔츠
>> **textile** 텍스타일	직물
>> **tie** 타이	넥타이
>> **underwear** 언더웨어	속옷
>> **fur** 퍼	모피
>> **jeans** 진즈	청바지
>> **overcoat** 오버코트	외투
>> **pantyhose** 팬티호우즈	팬티스타킹
>> **pants** 팬츠	바지

테마별 생활 영단어

가격 · 교환 · 환불에 관한 단어

>> price tag 프라이스 택 　　　　　　　　　가격표

>> cash 캐쉬 　　　　　　　　　　　　　　　현금

>> credit card 크레딧 카드 　　　　　　　　신용카드

>> retail price 리테일 프라이스 　　　　　　소매 가격

>> wholesale price 호울세일 프라이스 　　　도매 가격

>> fixed price 픽스트 프라이스 　　　　　　정찰 가격

>> lowest price 로우이스트 프라이스 　　　　최저 가격

>> bargain sale 바-겐 쎄일 　　　　　　　　특매, 바겐세일

>> discounted price 디스카운티드 프라이스 　할인 가격

>> tax-free 택스 프리 　　　　　　　　　　　면세의

>> cheap 취이프 　　　　　　　　　　　　　가격이 싼

>> expensive 익스펜씨브 　　　　　　　　　가격이 비싼

>> exchange 익스체인쥐 　　　　　　　　　교환

>> refund 리펀드 　　　　　　　　　　　　　환불

>> defect 디펙트 　　　　　　　　　　　　　결함

>> receipt 리씨잇 　　　　　　　　　　　　　영수증

>> guarantee 개런티이 　　　　　　　　　　보증서

New Situation English conversation

unit 10
식당에서

01. 식당 예약하기
02. 식당 입구에서
03. 주문하기
04. 식사 중 대화
05. 필요한 것 말하기
06. 식당에서 문제가 생겼을 때
07. 패스트푸드 식당에서

01. 식당 예약하기

I'd like to make a reservation for tonight.
아이드 라익 투 메이 커 레줘베이션 포 터나잇
오늘 밤 좌석을 예약하고 싶습니다.

☞ 저녁을 먹기 위해 예약이 필요한지를 묻는다면 Do I need to make a reservation for dinner?로 말하면 됩니다.

Can I make a reservation for Friday the 14th, for two, please?
캔 아이 메이 커 레줘베이션 포 프라이데이 더 포틴쓰 포 투 플리즈
14일 금요일에 두 사람 자리를 예약할 수 있습니까?

☞ 식당을 예약할 때 위의 표현 외에도 book a table, reserve a table이라는 표현도 쓸 수 있습니다.

What time will you be arriving?
왓 타임 윌 유 비 어라이빙
언제 오실 건가요?

☞ '몇 분이신가요?'는 For how many people?로 간단히 말할 수 있습니다.

Would you like the smoking or non-smoking section?
우 쥬 라익 더 스모우킹 오어 난스모우킹 섹션
흡연석과 금연석 중 어느 것을 원하십니까?

☞ 간단하게 Smoking or non-smoking?으로 말하기도 합니다.

I'd like to have a seat by the window.
아이드 라익 투 해브 어 씨잇 바이 더 윈도우
창가 쪽 좌석을 주세요.

☞ '창가 쪽 테이블로 예약할 수 있나요?'는 Can I reserve a table by the window?로 말하면 됩니다.

UNIT 10. 식당에서

Could I have your name and phone number?
- 쿳 아이 해 뷰어 **네임** 앤 **폰** 넘버
- 성함과 전화번호를 알려 주시겠습니까?

☞ Could I have your name?은 상대방의 이름을 물을 때 쓸 수 있는 표현으로 What's your name?보다 정중한 표현입니다.

All tables are booked tonight.
- 올 테이블즈 아 **북**드 터나잇
- 오늘 저녁은 모든 좌석이 예약이 됐습니다.

☞ book : (좌석이나 객실, 표 등을) 예약하다
  ex) I booked a seat for the game. (나는 경기를 보려고 좌석을 예약했다.)

그럼, 말해 볼까요?

B는 식당에 전화를 걸어 좌석을 예약한다.

A Hello. This is Princess Manor restaurant. May I help you?
B 오늘 밤 좌석을 예약하고 싶습니다.
A What time will you be arriving, sir?
B Seven o'clock.
A For how many people?
B 4 people.

A_ 여보세요. 프린세스 매너 레스토랑입니다. 무엇을 도와드릴까요?
B_ **I'd like to make a reservation for tonight.**
A_ 몇 시에 오실 건가요, 손님?
B_ 7시요.
A_ 몇 명이신가요?
B_ 4명입니다.

02. 식당 입구에서

Hello. I have a reservation for seven.
헬로우 아이 해 버 레줘**베**이션 포 **쎄**븐
안녕하세요. 7시에 예약을 했습니다.

☞ 만약 식당을 예약하지 않고 식당에 갔을 때 '두 사람이 앉을 자리가 있습니까?'는 Do you have a table for two?로 말하면 됩니다.

May I have your name, please?
메이 **아**이 해 뷰어 네임 플리즈
성함을 말씀해 주시겠어요?

☞ 누구 이름으로 예약을 했는지 묻는다면 What name is it under?라는 표현을 쓸 수 있습니다.

Please wait to be seated.
플리즈 웨잇 투 비 **씨**잇티드
안내해 드릴 테니 잠시 기다려 주세요.

☞ 맥도널드나 버거킹처럼 셀프 서비스를 하는 패스트푸드점 외에 종업원의 시중을 받는 음식점에서는 빈자리가 있다고 바로 앉지 말고 식당 입구에서 안내를 받아야 합니다.

Where would you prefer to sit?
웨어 우 쥬 프리**퍼** 투 **씨**잇
어느 자리에 앉으시겠습니까?

☞ prefer : ~을 더 좋아하다
ex) I prefer coffee to tea. (나는 차보다 커피가 더 좋아요.)

I'm afraid you'll have to wait another ten minutes.
아임 어프**레**이드 유윌 햅 투 웨잇 어나더 **텐** 미닛츠
죄송하지만 10분 정도 더 기다리셔야 합니다.

☞ '기다리시는 동안 여기에 앉아 계세요.'는 Please have a seat here while you wait.로 말하면 됩니다.

UNIT 10. 식당에서

We don't have your name on the list.
- 위 돈 해 뷰어 네임 언 더 리스트
- 명단에 손님의 이름이 없습니다.

☞ on the list : 명단에
ex) Her name is on the list of candidates. (그녀의 이름이 후보자 명단에 있다.)

Would you check the list again?
- 우 쥬 첵 더 리스트 어겐
- 명단을 다시 확인해 주시겠습니까?

☞ '이 준호라는 이름으로 예약을 했습니다.'라는 표현은 I made a reservation under the name of Junho Lee.로 말하면 됩니다.

그럼, 말해 볼까요?

식당을 예약한 A는 식당 입구에 도착해 이름을 말한다.

***A*_** 안녕하세요. 7시에 예약을 했습니다.
***B*_** May I have your name, please?
***A*_** My name's Junho Lee.
***B*_** Oh, yes, Mr. Lee. Would you like to be seated near a window?
***A*_** Yes, that would be nice.

A_ **Hello. I have a reservation for seven.**
B_ 성함이 어떻게 되시죠?
A_ 이준호입니다.
B_ 아, 예, 이 선생님. 창가 쪽 자리로 앉으시겠어요?
A_ 예, 그게 좋겠군요.

03. 주문하기

May I take your order?
- 메이 아이 테이 큐어 오더
- 주문하시겠습니까?

☞ 비슷한 의미의 표현은 Are you ready to order now?, Would you like to order now? 등이 있습니다.

Could we have a few more minutes?
- 쿳 위 해 버 퓨 모어 미닛츠
- 잠시만 시간을 주시겠습니까?

☞ '주문할 준비가 되면 부를게요.'라는 표현은 We'll call you when we're ready.로 말할 수 있습니다.

What's the special today?
- 왓츠 더 스페셜 터데이
- 오늘의 요리가 무엇입니까?

☞ special은 특가 매출, 특별 할인품, (식당 등의) 특별 메뉴를 나타낼 때 쓰이기도 합니다.

What do you recommend?
- 왓 두 유 레커멘드
- 어떤 음식을 추천해 주시겠습니까?

☞ '여기는 무슨 음식을 잘하나요?'라고 물어본다면 What's good here?라고 하면 됩니다.

What would you like to have?
- 왓 우 쥬 라익 투 해브
- 뭘 드시겠습니까?

☞ '스테이크로 하겠습니다.'는 I'll have a steak.로 말하면 됩니다. '~을 먹겠다'라는 표현은 I'll have ~. 또는 I'd like ~.로 말할 수 있습니다.

How would you like your steak?
- 하우 우 쥬 라이 큐어 스테익
- 스테이크는 어떻게 해 드릴까요?

☞ 이 표현은 스테이크를 살짝 익힐 것인지, 중간으로 익힐 것인지, 잘 익힐 것인지를 묻는 표현입니다.

Well done, please.
- 웰 더언 플리즈
- 잘 익혀 주세요.

☞ 중간 정도로 익혀 달라고 한다면 medium, 설익힌 것을 원하면 rare로 말하면 됩니다.

그럼, 말해 볼까요?

B는 웨이터 A에게 어떤 음식을 먹으면 좋을지를 묻는다.

*A*_ May I take your order?
*B*_ I can't decide. **어떤 것을 추천해 주시겠어요?**
*A*_ The rib-eye steak with baked potatoes is excellent.
*B*_ OK. I'll have that. **잘 익혀 주세요.**
*A*_ Anything to drink?
*B*_ A glass of red wine, please.

A_ 주문하시겠어요?
B_ 결정을 못하겠어요. **What do you recommend?**
A_ 구운 감자를 곁들인 립아이 스테이크가 맛이 좋습니다.
B_ 좋아요. 그걸 먹을게요. **Well done, please.**
A_ 마실 것을 드릴까요?
B_ 레드 와인 한 잔 주세요.

04. 식사 중 대화

The atmosphere is very nice in this restaurant.
디 앳머스피어 이즈 베리 나이스 인 디스 레스터런트
이 식당 분위기가 참 좋습니다.

☞ atmosphere : 분위기, 환경

Do you come here often?
두 유 컴 히어 오픈
여기 자주 오시나요?

☞ '나는 여기 단골이에요.'라는 표현은 I'm a regular here.로 말하면 됩니다.

This restaurant is always crowded.
디스 레스터런트 이즈 올웨이즈 크라우디드
이 식당은 항상 사람들로 붐빕니다.

☞ crowded는 '붐비는, 만원의'라는 뜻이고 콩나물시루같이 심한 혼잡함을 나타낼 때에는 jammed라는 표현을 쓸 수 있습니다.

How's your food?
하우즈 유어 푸읏
음식 맛은 어때요?

☞ 음식이 맛이 있을 때에는 delicious, 맛이 형편없을 때에는 terrible 또는 awful로 표현할 수 있습니다.

This is the best meal I've ever had.
디스 이즈 더 베스트 미일 아이브 에버 해드
내가 먹어 본 음식 중에 최고에요.

☞ '맛이 끝내준다!'는 It tastes awesome!으로 말할 수 있습니다.

UNIT 10. 식당에서

I don't like the taste of it.
- 아이 돈 라익 더 테이스트 어브 잇
- 내 입맛에는 맞지 않아요.

☞ 맛이 이상하다면 This tastes strange.라고 말하면 됩니다.

It's too spicy.
- 잇츠 투 스파이씨
- 너무 매워요.

☞ 맛을 표현할 때 '맵다'는 spicy, '시다'는 sour, '달다'는 sweet, '짜다'는 salty, '순하다'는 mild로 표현하면 됩니다.

그럼, 말해 볼까요?

A와 B는 식사를 하면서 식당과 음식에 대해 이야기한다.

*A*_ Do you come here often?
*B*_ Yes, 단골이에요. I like this restaurant. The food is pretty good and the price is reasonable.
*A*_ The atmosphere is also very nice.
B_ 음식 맛은 어때요?
*A*_ It's delicious. The steak is really tender.

A_ 여기 자주 오세요?
B_ 예. **I'm a regular.** 나는 이 식당이 맘에 들어요. 음식이 아주 맛있고 가격도 합리적이죠.
A_ 분위기도 좋네요.
B_ **How's your food?**
A_ 맛있는데요. 스테이크가 아주 부드러워요.

05. 필요한 것 말하기

Can I get some more water, please?
캔 아이 겟 썸 모어 워러 플리즈
물 좀 더 주시겠어요?

☞ 웨이터나 웨이트리스를 부를 때에는 큰소리로 부르지 말고 눈을 마주친 후 손을 들거나 낮은 소리로 부르는 것이 좋습니다.

Could you wipe the table?
쿠 쥬 와입 더 테이블
테이블을 닦아 주시겠습니까?

☞ wipe : 닦다, (물을) 훔치다

Would you take the dishes away?
우 쥬 테익 더 디쉬스 어웨이
이 접시들을 좀 치워 주시겠어요?

☞ take away : 가져가다, 식탁을 치우다

I dropped my fork. Could you bring me another one?
아이 드랍트 마이 포오크 쿠 쥬 브링 미 어나더 원
포크를 떨어뜨렸어요. 다른 것을 가져다주시겠어요?

☞ '나에게 ~를 가져다주시겠어요?'라는 표현은 Could you bring me ~?로 말할 수 있습니다.

Could I have a refill on my coke?
쿳 아이 해 버 리필 언 마이 코욱
콜라를 리필해 주시겠습니까?

☞ 빵을 더 달라고 한다면 Can I have some more bread?로 말하면 됩니다.

UNIT 10. 식당에서

This food is cold. Could you warm it up?
- 디스 풋 이즈 콜드 쿠 쥬 워엄 잇 업
- 음식이 차가운데 데워 주시겠습니까?

☞ warm up은 '~을 데우다' 외에 '몸을 풀다, 예열시키다'라는 뜻도 있습니다.

Can I have a doggie bag?
- 캔 아이 해 버 더기 백
- 싸 가지고 갈 봉지 하나 주시겠어요?

☞ 식사를 하고 남은 음식을 싸 가지고 갈 때 doggie bag을 달라고 하면 됩니다.

 그럼, 말해 볼까요?

식사 중 포크를 떨어뜨린 A는 웨이터를 부른다.

*A*_ Excuse me.
*B*_ Yes? What can I do for you?
*A*_ I'm sorry. I dropped my fork. **다른 것으로 가져다주시겠어요?**
*B*_ Certainly, sir. Do you need anything else?
*A*_ **물을 더 주실 수 있나요?**

A_ 실례합니다.
B_ 예? 뭘 도와드릴까요?
A_ 미안합니다. 포크를 떨어뜨렸습니다. **Could you bring me another one?**
B_ 알겠습니다. 손님. 더 필요하신 것은 없습니까?
A_ **Can I get some more water, please?**

06. 식당에서 문제가 생겼을 때

We didn't get our order yet.
위 디든 겟 아워 오더 옛
주문한 음식이 아직 안 나왔어요.

☞ '주문을 확인해 주시겠어요?'라는 표현은 Could you check on our order?로 말할 수 있습니다.

This is not what I ordered.
디스 이즈 낫 왓 아이 오더드
이것은 제가 주문한 음식이 아닙니다.

☞ 다시 가져가라고 한다면 Could you take it back, please?로 말하면 됩니다.

I ordered my steak medium, but this looks rare.
아이 오더드 마이 스테익 미디엄 벗 디스 룩스 레어
중간으로 익힌 스테이크를 주문했는데, 덜 익혀진 것 같아요.

☞ 좀 더 구워 달라고 부탁한다면 Could I have it broiled a little more?로 말할 수 있습니다.

There is something strange in my food.
데어 이즈 썸띵 스트레인쥐 인 마이 푸웃
제 음식에 이상한 것이 있습니다.

☞ 만약 수프에 벌레가 들어 있다면 There's a bug in my soup.라고 말하면 됩니다.

I'm afraid this food is stale.
아임 어프레이드 디스 풋 이즈 스테일
이 음식이 상한 것 같아요.

☞ 음식 등이 신선하지 못할 때에는 stale이란 표현을 쓰고 반대로 신선하다면 fresh라는 표현을 쓰면 됩니다.

UNIT 10. 식당에서

This doesn't smell fresh.
디스 더즌 스멜 프레쉬
냄새가 신선하지 않은 것 같습니다.

☞ smell 다음에 형용사가 오면 '~한 냄새가 난다'라는 뜻이 됩니다.
ex) This food smells nasty. (이 음식은 고약한 냄새가 난다.)

I'm afraid this table looks dirty.
아임 어프레이드 디스 테이블 룩스 더티
죄송하지만 테이블이 더러운 것 같아요.

☞ 테이블을 닦아 달라고 말한다면 Could you wipe the table, please?로 말하면 됩니다.

그럼, 말해 볼까요?

A는 주문한 음식이 나오지 않자 웨이터를 부른다.

*A*_ Excuse me, Waiter!
*B*_ Yes?
*A*_ Could you tell us how long we have to wait for our food?
주문한 음식이 아직 안 나왔어요.
*B*_ I'm really sorry. I'll get your order out right away.
*A*_ And 죄송하지만 테이블이 더러운 것 같아요. Could you wipe the table, please?

A_ 실례합니다. 웨이터!
B_ 예?
A_ 우리 음식이 언제 나오는지 알려주시겠어요? **We didn't get our order yet!**
B_ 대단히 죄송합니다. 주문하신 음식을 바로 가져다드리겠습니다.
A_ 그리고 **I'm afraid this table looks dirty.** 테이블 좀 닦아주시겠어요?

07. 패스트푸드 식당에서

A hamburger and a large order of french fries, please.
어 **햄**버거 앤 어 **라**쥐 오더 어브 **프렌**치 **프라**이즈 플리즈
햄버거와 프렌치프라이 큰 것 주세요.

☞ 이 표현은 '~ 주세요.'라는 표현인 I'd like ~.가 생략된 문장입니다.

Hold the onions, please.
호울 디 **어**니언즈 플리-즈
양파는 빼 주세요.

☞ hold는 '(식당의 주문에서) ~을 빼다'라는 뜻이 있습니다. 만약 피클을 빼 달라고 한다면 Hold the pickle.이라고 하면 됩니다.

Would you like anything to drink?
우 **쥬** 라익 애니띵 투 드**링**크
마실 것을 드릴까요?

☞ '콜라 중간으로 주세요.'는 A medium coke, please.로 말하면 됩니다. 음료수를 주문할 때에는 사이즈를 말해야 하는데 음료수 사이즈는 small, medium, large가 있습니다.

For here or to go?
포 **히**어 오어 투 **고**우
드시고 가실 건가요, 가져가실 건가요?

☞ For here or to go?는 패스트푸드 식당에서 자주 쓰이는 표현으로 식당에서 먹고 갈 건지 집으로 가져갈 건지 묻는 표현입니다.

To go, please.
투 **고**우 플리즈
가져갈 겁니다.

☞ 식당 안에서 먹겠다면 For here, please., 또는 I'll eat here.라고 말하면 됩니다.

UNIT 10. 식당에서

● Would you like anything else?
● 우 쥬 라익 애니띵 엘스
● 더 필요하신 것은 없습니까?

☞ 더 필요한 것이 없다면 That's all.로 말하면 됩니다.

● Could I have some napkins?
● 쿳 아이 햅 썸 냅킨즈
● 냅킨 좀 주시겠어요?

☞ 케첩을 더 달라는 표현은 Could you give me some more ketchup?으로 말할 수 있습니다.

 그럼, 말해 볼까요?

A는 패스트푸드 식당에서 음식을 주문한다.

*A*_ May I help you?
*B*_ 햄버거와 프렌치프라이 큰 것 주세요.
*A*_ For here or to go?
*B*_ 여기서 먹을게요.
*A*_ Would you like anything to drink?
*B*_ A medium coke, please.

A_ 뭘 도와드릴까요?
B_ **A hamburger and a large order of french fries, please.**
A_ 드시고 가실 건가요, 가져가실 건가요?
B_ **For here, please.**
A_ 마실 것을 드릴까요?
B_ 콜라 중간으로 주세요.

테마별 생활 영단어

요리 방법에 관한 단어

>> **rare** 레어 — 살짝 익힌
>> **medium** 미디엄 — 중간 정도 익힌
>> **well-done** 웰-던 — 완전히 익힌
>> **raw** 로오 — 날것의
>> **baked** 베익트 — 구운
>> **grilled** 그릴드 — 석쇠로 구운
>> **barbecued** 바비큐드 — 불에 구운
>> **boiled** 보일드 — 끓인
>> **steamed** 스팀드 — 찐
>> **smoked** 스모우크트 — 훈제한
>> **fried** 프라이드 — 튀긴
>> **breaded** 브레디드 — 빵가루를 바른
>> **chopped** 찹드 — 잘게 썬
>> **frozen** 프로즌 — 얼린
>> **chilled** 치일드 — 차게 한
>> **minced** 민스드 — 다진
>> **sliced** 슬라이스트 — 얇게 썬

New Situation English conversation

unit 11
일상생활의 장소

01. 은행에서
02. 우체국에서
03. 세탁소에서
04. 헤어숍에서
05. 부동산중개소에서
06. 정비소 · 주유소에서
07. 극장에서
08. 도서관에서
09. 병원에서
10. 약국에서

01. 은행에서

I'd like to open an account.
아이드 라익 투- 오픈 언 어카운트
계좌를 개설하고 싶습니다.

☞ 계좌를 개설할 때에는 open an account, 계좌를 해지할 때에는 close an account라고 말하면 됩니다.

I want to make a deposit.
아이 원 투 메이 커 디파짓
예금을 하고 싶습니다.

☞ make a deposit : 예금하다

I'd like to withdraw 100 dollars.
아이드 라익 투 위드드로 원 헌드러드 달러즈
100달러를 인출하고 싶습니다.

☞ withdraw : (계좌에서 돈을) 인출하다

I'd like to transfer money to this account.
아이드 라익 투 트랜스퍼 머니 투 디스 어카운트
이 계좌로 돈을 송금하고 싶습니다.

☞ 참고로 '송금하다'라는 뜻을 나타낼 때 remit나 wire라는 표현도 쓰이니 함께 알아두세요.

I'd like to change Korean won into U.S. dollars.
아이드 라익 투 췌인쥐 커리-언 원 인투 유에스 달러즈
한국 원을 미국 달러로 바꾸고 싶습니다.

☞ '돈을 어떻게 드릴까요?'라는 표현은 How would you like the money?로 말할 수 있습니다.

UNIT 11. 일상생활의 장소

Can I cash this check, please?
캔 아이 캐쉬 디스 첵 플리-즈
이 수표를 현금으로 바꾸어 주시겠어요?

☞ cash : (어음이나 수표를) 현금으로 바꾸다

Please endorse the check on the back.
플리-즈 인도어스 더 첵 온 더 배액
수표 뒤에 이서해 주세요.

☞ endorse : (어음, 증권 등에) 배서하다

 그럼, 말해 볼까요?

B는 은행에 가서 돈을 인출하려고 한다.

*A*_ May I help you?
*B*_ **100달러를 인출하고 싶습니다.**
*A*_ Did you fill out a withdrawal slip?
*B*_ Yes, here you are.
*A*_ OK. I need to see a picture ID, please. **돈을 어떻게 드릴까요?**
*B*_ Five twenty dollar bills, please.

A_ 뭘 도와드릴까요?
B_ **I'd like to withdraw 100 dollars.**
A_ 인출 용지를 작성하셨습니까?
B_ 예, 여기 있습니다.
A_ 예, 신분증이 필요합니다. **How would you like the money?**
B_ 20달러짜리 5장 주세요.

02. 우체국에서

I'd like to send this letter by regular mail.
아이드 라익 투 쎈 디스 레러 바이 레귤러 메일
이 편지를 보통우편으로 보내고 싶습니다.

☞ 보통우편은 regular mail, 빠른우편은 express mail, 등기우편은 registered mail이라고 표현합니다.

I'd like to mail this letter to Korea.
아이드 라익 투 메일 디스 레러 투 커리-아
이 편지를 한국으로 보내고 싶습니다.

☞ '한국으로 편지 보내는 데 얼마죠?'는 How much is it to mail a letter to Korea?로 말하면 됩니다.

How many stamps do I need?
하우 매니 스템스 두 아이 니잇
우표를 몇 장 붙여야 되죠?

☞ 우표 사는 곳을 묻는다면 Where can I buy stamps?라고 말하면 됩니다.

How long does it take to get there?
하우 로옹 더즈 잇 테익 투 겟 데어
거기까지 가는 데 얼마나 걸립니까?

☞ '~하는 데 얼마나 걸리나요?'라는 말은 How long does it take to ~?라는 표현을 쓰면 됩니다.

I'd like to send this package to Seoul, Korea.
아이드 라익 투 쎈 디스 패키쥐 투 서울 커리아
이 소포를 한국의 서울로 보내고 싶습니다.

☞ 소포를 보험에 들고 싶다면 I'd like to insure this package.로 말할 수 있습니다.

UNIT 11. 일상생활의 장소

Will that be by air or by surface?
- 윌 댓 비 바이 에어 오어 바이 써-피스
- 항공편으로 보내시겠어요, 아니면 배편으로 보내시겠어요?

☞ by air[surface] mail : 항공[선박] 우편으로

How would you like to send it?
- 하우 우 쥬 라익 투 쎈드 잇
- 어떻게 보내시겠습니까?

☞ 항공편으로 보내려면 I'll send it by air.로 말하면 됩니다.

그럼, 말해 볼까요?

B는 우체국에서 서울로 소포를 부친다.

A_ 이 소포를 한국의 서울로 보내고 싶습니다.
B_ Will that be by air or by surface?
A_ How long does it take by surface?
B_ It'll take 5 to 6 weeks.
A_ That's too long. 항공편으로 보낼게요.

A_ **I'd like to send this package to Seoul, Korea.**
B_ 항공편으로 보내시겠어요, 아니면 배편으로 보내시겠어요?
A_ 배편으로 하면 시간이 얼마나 걸리죠?
B_ 5주에서 6주 정도 걸릴 거예요.
A_ 너무 늦네요. **I'll send it by air.**

03. 세탁소에서

I need these pants dry-cleaned.
아이 니잇 디-즈 팬츠 드라이 클린드
이 바지를 드라이클리닝하고 싶습니다.

☞ I'd like to have these pants dry-cleaned.라고 해도 비슷한 표현입니다.

I need you to take out the stain on this shirt.
아이 니잇 유 투 테익 아웃 더 스테인 온 디스 셔-트
이 셔츠에 있는 얼룩을 제거해 주세요.

☞ stain은 '얼룩, 때'를 말하고 '(얼룩 등을) 빼다'라고 할 때에는 take out이라는 표현을 쓰면 됩니다.

I'd like to have this suit pressed, please.
아이드 라익 투 햅 디스 수웃 프레스드 플리-즈
이 양복을 다림질해 주세요.

☞ Iron this suit, please.라고 말해도 비슷한 표현입니다.

When can I pick them up?
웬 캔 아이 픽 뎀 어업
언제 찾아갈 수 있나요?

☞ pick up은 여러 가지 뜻이 있지만 여기에서는 '(어디에서) ~을 찾아오다'라는 뜻입니다.

Some buttons are missing. Have them fixed, please.
썸 버튼즈 아 미씽 햅 뎀 픽스트 플리-즈
단추가 떨어졌는데 좀 달아 주세요.

☞ 지퍼가 떨어졌다면 The zipper fell off.로 말하면 됩니다.

UNIT 11. 일상생활의 장소

These pants are ripped. Could you mend them?
디-즈 팬츠 아 립트 쿠 쥬 멘 뎀
바지가 찢어졌는데 수선 좀 해 주실래요?

☞ rip : 찢다, 찢기다

I'd like to pick up my laundry.
아이드 라익 투 픽 업 마이 론드리
세탁물 찾으러 왔습니다.

☞ 세탁물이 다 됐냐고 묻는 표현은 Is my laundry ready?라고 하면 됩니다.

그럼, 말해 볼까요?

A는 바지와 셔츠를 세탁하기 위해 세탁소에 간다.

A 이 바지를 드라이클리닝해 주세요. And there is an ink stain on this white shirt. Is it possible to remove it or do I have to buy a new shirt?

B We have a great ink remover, so don't worry about this stain. We'll get it off.

A 바지는 언제 찾으러 오면 되나요?

B Tomorrow, around 4 o'clock.

A_ **I need these pants dry-cleaned.** 그리고 이 흰 셔츠에 잉크 얼룩이 묻었어요. 잉크 얼룩을 제거할 수 있나요, 아니면 새 셔츠를 사야 할까요?
B_ 좋은 잉크 제거제가 있으니 이 얼룩은 걱정하지 마세요. 제거해 드릴게요.
A_ **When can I pick up my pants?**
B_ 내일 4시경에 오세요.

04. 헤어숍에서

I'd like a haircut, please.
아이드 라이 커 헤어컷 플리-즈
머리를 자르고 싶어요.

☞ 머리를 어떻게 자를지 물어본다면 How would you like your hair?로 말하면 됩니다.

Just a trim, please.
저스 터 츄림 플리-즈
다듬기만 해 주세요.

☞ trim : 다듬기, 다듬다

Please cut my hair short.
플리즈 컷 마이 헤어 쇼옷
머리를 짧게 잘라 주세요.

☞ '너무 짧게 깎지 마세요.'라고 할 때에는 Don't make it too short, please.로 말할 수 있습니다.

I want a perm.
아이 원트 어 퍼엄
파마를 하고 싶은데요.

☞ perm : 파마, 파마를 해 주다

Make my hair wavy, please.
메익 마이 헤어 웨이비 플리-즈
웨이브를 좀 넣어 주세요.

☞ 물결처럼 부드럽게 굴곡이 있는 머리 형태를 wavy라고 하고 곱슬곱슬한 머리 형태는 curly라는 표현을 씁니다.

UNIT 11. 일상생활의 장소

Can you dye my hair brown?
캔 유 다이 마이 헤어 브라운
머리를 갈색으로 염색해 주시겠어요?

☞ dye : 물들이다, 염색하다

I like my hair cut shoulder-length.
아이 라익 마이 헤어 컷 쇼울더 랭쓰
어깨 길이만큼 잘라 주세요.

☞ '지금 상태에서 다듬어만 주세요.'라는 표현은 Please set my hair in the same style. 로 말할 수 있습니다.

그럼, 말해 볼까요?

A는 머리를 자르기 위해 헤어숍에 간다.

*A*_ 머리를 자르고 싶어요.
*B*_ Have a seat here, please. **머리를 어떻게 해드릴까요?**
*A*_ I just want a trim, please. And shorten the front just a bit.
*B*_ OK. Do you want me to wash your hair?
*A*_ Yes, please.

A_ **I'd like a haircut, please.**
B_ 여기 앉으세요. **How would you like your hair?**
A_ 그냥 다듬어 주세요. 그리고 앞머리는 약간 짧게 해 주세요.
B_ 알겠습니다. 머리를 감겨드릴까요?
A_ 예, 그렇게 해 주세요.

05. 부동산중개소에서

I'm looking for a three-bedroom apartment downtown.
아임 룩킹 포 어 뜨리 베드룸 어**파**트먼트 다운**타**운
시내에 방 3개 있는 아파트를 찾고 있습니다.

☞ downtown은 도심지, 상가 지역을 말하고 주택 지구는 uptown이란 표현을 쓰면 됩니다.

Can you describe the apartment?
캔 유 디스크라이브 디 어**파**트먼트
아파트를 설명해 주시겠어요?

☞ '방 2개와 욕실이 하나 있습니다.'라고 한다면 There are two bedrooms and a bath. 로 말할 수 있습니다.

It has a large living room and a nice kitchen.
잇 해즈 어 라아쥐 리빙 루움 앤 어 나이스 키친
큰 거실과 괜찮은 부엌이 있습니다.

☞ '부엌이 마음에 드실 겁니다.'는 You'll love the kitchen.으로 말하면 됩니다.

What floor is it on?
왓 플로어 이즈 잇 **어**언
몇 층인가요?

☞ 5층에 있으면 It's on the fifth floor.라고 말하면 됩니다.

How close is it to public transportation?
하우 클로우스 이즈 잇 투 퍼블릭 트랜스퍼**테**이션
대중교통은 얼마나 가까이 있습니까?

☞ public transportation : 대중교통

UNIT 11. 일상생활의 장소

- ### The subway station and bus stops are nearby.
- 더 **썹**웨이 스테이션 앤 **버**스 스탑스 아 니어**바**이
- 가까운 곳에 지하철역과 버스 정류장이 있습니다.

☞ 만약 7번 버스가 한 블록 떨어진 곳에 정차한다고 말한다면 The Number 7 bus stops a block away.라고 하면 됩니다.

- ### How much is the rent?
- 하우 머취 이즈 더 **렌**트
- 임대하는 데 얼마인가요?

☞ 보증금이 있냐고 물을 때에는 Is there a security deposit?으로 표현할 수 있습니다.

그럼, 말해 볼까요?

A는 아파트를 알아보기 위해 부동산중개소에 간다.

*A*_ 시내에 방 3개 있는 아파트를 찾고 있습니다.
　　Is there anything available there?
*B*_ Oh, yes. I have just what you're looking for.
*A*_ 아파트를 설명해 주시겠어요?
*B*_ It's newly renovated. It has 2 baths, a hardwood floor, and a nice kitchen with a dishwasher.

A_ **I'm looking for a three-bedroom apartment downtown.**
　　거기에 이용 가능한 아파트가 있나요?
B_ 아, 그럼요. 마침 손님이 찾는 아파트가 있어요.
A_ **Can you describe the apartment?**
B_ 그 아파트는 새롭게 수리를 했어요. 욕실이 2개 있고, 튼튼한 나무로 되어 있는 바닥, 접시 닦는 기계가 달린 훌륭한 주방이 있습니다.

203

06. 정비소 · 주유소에서

I'm here for the inspection.
아임 히어 포 디 인스펙션
자동차 점검을 하러 왔어요.

☞ My car broke down.이라고 하면 '차가 고장 났다.'라는 표현입니다.

I have a flat tire.
아이 해브 어 플랫 타이어
타이어가 펑크가 났어요.

☞ '바퀴가 펑크 나다'는 have a flat tire라고 표현합니다.

There is a strange noise coming from the engine.
데어 이즈 어 스트레인쥐 노이즈 커밍 프럼 디 엔쥔
엔진에서 이상한 소리가 들립니다.

☞ 차가 시동이 잘 걸리지 않는다면 My car doesn't start very well.로 말하면 됩니다.

Could you give my car a general inspection?
쿠 쥬 기브 마이 카 어 제너럴 인스펙션
전체적으로 제 차를 점검해 주시겠어요?

☞ general은 '일반적인, 보통의'라는 뜻 외에 '종합적인, 전면적인'의 의미도 있습니다.

How long do you need to repair it?
하우 로옹 두 유 니잇 투 리페어 잇
수리하는 데 시간이 얼마나 걸릴까요?

☞ '약 30분 정도 걸립니다.'는 It'll take around 30 minutes.로 말할 수 있습니다.

UNIT 11. 일상생활의 장소

Fill it up, please.
- 필 잇 어업 플리-즈
- 가득 채워 주세요.

☞ Fill it up.은 주유소에서 기름을 가득 채워 달라는 표현으로 Fill her up.이라고 표현하기도 합니다.

Just put in 20 liters, please.
- 저스트 풋 인 트웬티 리러즈 플리-즈
- 20리터만 넣어 주세요.

☞ 20달러어치를 넣을 때는 I'll take $20 worth.로 표현할 수 있습니다.

 그럼, 말해 볼까요?

A는 타이어가 펑크 나서 자동차 정비소에 간다.

*A*_ Hi. 타이어가 펑크 났어요. Can you fix it?
*B*_ Oh, sure.
*A*_ 수리하는 데 얼마나 걸릴까요?
*B*_ It will take around 20 minutes.
*A*_ Could you also give my car a general inspection?

A_ 안녕하세요. **I have a flat tire.** 수리할 수 있나요?
B_ 아, 그럼요.
A_ **How long do you need to repair it?**
B_ 약 20분 정도 걸립니다.
A_ 그리고 전체적으로 차를 점검해 주시겠어요?

205

07. 극장에서

I'd like two tickets for the 3:00 movie.
아이드 라익 투 티킷츠 포 더 뜨리 어클라악 무비
3시 영화표 2장 주세요.

☞ '영화'라는 말은 미국에서는 주로 movie라고 하고 영국에서는 film이나 picture라고 합니다.

I'm sorry, the 3:00 show is sold out.
아임 쏘리 더 뜨리 어클라악 쑈 이즈 솔 다웃
죄송하지만 3시 영화는 매진됐습니다.

☞ sold out : 표가 매진된, 다 팔린

How about the 6:00 movie?
하우 어바웃 더 씩스 어클라악 무비
6시 영화는 어떤가요?

☞ how about는 '~은 어때?' 하고 상대방에게 어떤 정보나 의견을 물을 때, 그리고 제안이나 권유를 할 때 쓸 수 있는 표현입니다.

Are there any tickets available for the 6:00 movie?
아 데어 애니 티킷츠 어베이러블 포 더 씩스 어클라악 무비
6시 영화는 표가 있습니까?

☞ available : 이용할 수 있는, 구할 수 있는

What did you think about the movie?
왓 디 쥬 띵크 어바웃 더 무-비
그 영화 어땠어요?

☞ 영화를 보고 나서 소감을 묻는 말은 짧게 How was it?, Was it good?이라고 말할 수도 있습니다.

UNIT 11. 일상생활의 장소

It was great.
- 잇 워즈 그레잇
- 아주 좋았어요.

☞ 영화가 형편없었다면 terrible, 지루했다면 boring, 유치했다면 childish라는 표현을 쓰면 됩니다.

It bored me to death.
- 잇 보어드 미 투 데쓰
- 지루해서 죽을 뻔했어요.

☞ '그다지 재미있는 영화는 아니었어요.'라는 말은 It was not a very interesting movie. 로 말할 수 있습니다.

그럼, 말해 볼까요?

A는 영화를 보기 위해 극장에 간다.

*A*_ 3시 영화표 2장 주세요.
*B*_ I'm sorry, the 3:00 show is sold out.
*A*_ 6시 영화는 어떤가요?
*B*_ We have plenty of seats available.
*A*_ OK. Two tickets for the 6:00 movie. Give us seats in the middle, please.

A_ **I'd like two tickets for the 3:00 movie.**
B_ 죄송하지만 3시 영화는 매진됐습니다.
A_ **How about the 6:00 movie?**
B_ 좌석이 많이 남아 있습니다.
A_ 좋아요. 6시 영화표 2장 주세요. 중간 좌석으로 부탁합니다.

207

08. 도서관에서

Could you tell me where the travel books are kept?
쿠 쥬 텔미 웨어 더 츄레블 북스 아 켑트
여행 책들이 어디에 있는지 알려 주시겠습니까?

☞ Where can I find books on travel?이라고 해도 비슷한 의미의 표현이 됩니다.

Can I check these books out?
캔 아이 첵 디-즈 북스 아웃
이 책들을 대출할 수 있나요?

☞ 도서관에서 책을 대출할 때에는 check out이라는 표현을 쓰면 됩니다.

How many books can I check out at a time?
하우 매니 북스 캔 아이 첵 아웃 앳 어 타임
한 번에 몇 권을 빌릴 수 있습니까?

☞ at a time : 한 번에, 따로따로

When are these due?
웬 아 디-즈 듀우
이 책들은 기한이 언제까지죠?

☞ due : 지불 기일이 된, 당연히 치러야 할
ex) The rent is due tomorrow. (집세는 내일까지 내야 한다.)

You should return them in two weeks.
유 슈드 리턴 뎀 인 투 윅스
2주일 안에 반납하셔야 합니다.

☞ 조동사 should는 '~해야 한다'라는 의무를 나타낼 때 쓰이고, 부정문은 뒤에 not를 붙이면 됩니다.

UNIT 11. 일상생활의 장소

Remember not to let the books become overdue.
- 리멤버 낫 투 렛 더 북스 비컴 오버듀우
- 반납 기한을 넘기지 않도록 해 주세요.

☞ remember 뒤에 to부정사가 오면 '~할 것을 기억하다'라는 뜻이고, 동명사가 오면 '~했던 것을 기억하다'는 뜻을 나타냅니다.

Is there a fine if not returned on time?
- 이즈 데어 러 파인 이프 낫 리터언드 온 타임
- 제때에 반납하지 않으면 벌금이 있나요?

☞ fine은 '벌금'이란 뜻인데 '(도서관의) 연체료'를 나타낼 때에도 쓰입니다.

 그럼, 말해 볼까요?

A는 도서관에서 책을 대출하려고 한다.

A _ 이 책들을 대출할 수 있나요?
B Sure, no problem.
A _ 이 책들은 기한이 언제까지죠?
B You should return them in two weeks.
A Is there a fine if not returned on time?
B Yes. You get charged one dollar per day.

A_ **Can I check these books out?**
B_ 그럼요.
A_ **When are these due?**
B_ 2주일 안에 반납하셔야 합니다.
A_ 제때에 반납하지 않으면 연체료가 있나요?
B_ 예. 하루에 1달러를 내야 합니다.

09. 병원에서

What are your symptoms?
- 왓 아 유어 씸텀즈
- 증상이 어떠십니까?

☞ 비슷한 표현은 What seems to be the problem?, What's bothering you?, Where do you hurt? 등이 있습니다.

I have a sore throat, and my head hurts.
- 아이 해브 어 쏘어 뜨로우트 앤 마이 헤드 헛츠
- 목이 따끔거리고, 머리도 아파요.

☞ 자기의 아픈 증상을 말할 때에는 I have ~.나 I've got ~.로 표현할 수 있습니다.
ex) I've got a headache. (두통이 있습니다.)

I'm afraid I have a bad cold.
- 아임 어프레이드 아이 해 버 배앳 코울드
- 독감에 걸린 것 같습니다.

☞ 열이 있으면 I have a fever.로 말하면 됩니다.

I'm stiff and sore all over.
- 아임 스팁 앤 쏘어 올 오우버
- 온몸이 뻐근하고 쑤셔요.

☞ stiff : 뻣뻣한, 경직된   all over : 몸 전체가, 온몸이

I'm having chills.
- 아임 해빙 취일즈
- 오한이 납니다

☞ 땀을 많이 흘린다면 I sweat a lot.로 표현하면 됩니다.

UNIT 11. 일상생활의 장소

I get tired easily.
아이 겟 **타**이어드 **이**-즐리
쉽게 피로해집니다.

☞ get이 과거분사와 결합해서 '(어떤 상태가) 되다'라는 뜻을 나타냅니다.
ex) I almost got hit by a car. (나는 하마터면 차에 치일 뻔했다.)

What's wrong with me?
왓츠 **로**옹 위드 미이
제가 무슨 병이죠?

☞ '심각한 상태인가요?'는 Is it serious?로 말할 수 있습니다.

그럼, 말해 볼까요?

B는 병원에 가서 의사에게 자기의 증상을 말한다.

A What are your symptoms?
B 열이 나고, 목이 아픕니다.
A It looks like you got the flu. Don't worry, it's nothing serious.
B Should I take some medicine?
A You need some rest. Drink plenty of water and take some aspirin.

A_ 증상이 어떠세요?
B_ I have a fever and a sore throat.
A_ 독감에 걸리신 것 같습니다. 심각한 게 아니니까 걱정하지 마세요.
B_ 약을 먹어야 합니까?
A_ 휴식을 좀 취하세요. 물을 많이 드시고 아스피린을 좀 드시면 됩니다.

211

10. 약국에서

Could you fill this prescription, please?
- 쿠 쥬 필 디스 프레스크립션 플리즈
- 이 처방전대로 약을 지어 주시겠어요?

☞ 의사가 환자에게 써 주는 처방전을 prescription이라고 하고 fill은 '처방약을 조제하다'라는 뜻입니다.

How should I take this?
- 하우 슛 아이 테익 디스
- 어떻게 먹어야 합니까?

☞ '하루에 몇 번 먹어야 합니까?'라는 말은 How many times a day should I take it?로 말하면 됩니다.

Take this after each meal three times a day.
- 테익 디스 앱터 이취 미일 뜨리 타임즈 어 데이
- 하루 세 번 식후에 드세요.

☞ 6시간마다 복용하라고 한다면 Take this medicine every six hours.로 말하면 됩니다.

Are there any side effects?
- 아 데어 애니 싸이드 이펙츠
- 혹시 부작용이 있나요?

☞ 약물 등의 부작용을 side effect라고 표현합니다.

This might make you drowsy.
- 디스 마잇 메이 큐 드라우지
- 이 약을 드시면 졸릴지도 몰라요.

☞ drowsy : 졸리는, 꾸벅꾸벅 조는

UNIT 11. 일상생활의 장소

Don't drink any alcohol while you're on this medication.
- 돈 드링크 애니 앨커호올 와일 유어 온 디스 메디케이션
- 약을 복용하는 동안에 어떤 종류의 술도 드시지 마세요.

☞ be on the medication : 약물 치료를 받다

We can't give you that without a prescription.
- 위 캔트 기 뷰 댓 위다웃 어 프레스크립션
- 처방전 없이는 약을 드릴 수 없습니다.

☞ 처방전을 보여달라고 하는 표현은 Can I have the prescription?으로 말하면 됩니다.

그럼, 말해 볼까요?

B는 약국에서 약을 구입한 후 약에 대해 문의를 한다.

*A_* Here's your medicine. It will relieve your pain.
*B_* **하루에 몇 번을 먹어야 합니까?**
*A_* Take this after each meal three times a day.
*B_* OK. **혹시 부작용은 없나요?**
*A_* This might make you drowsy. Be careful when you are driving.

A_ 여기 약이 있습니다. 이 약을 먹으면 아픔이 가실 거예요.
B_ **How many times a day should I take it?**
A_ 하루 세 번 식후에 드세요.
B_ 알겠습니다. **Are there any side effects?**
A_ 이 약은 먹으면 졸릴지도 모릅니다. 운전할 때 조심하세요.

213

테마별 생활 영단어

아픔에 관한 단어

>> **headache** 헤데이크	두통
>> **fever** 피-버	열
>> **stomachache** 스토머케이크	복통
>> **diarrhea** 다이어리-어	설사
>> **toothache** 투-쓰에이크	치통
>> **back pain** 백 페인	허리 아픔
>> **cold** 콜드	감기
>> **constipation** 칸스터페이션	변비
>> **blood pressure** 블러드 프레셔	혈압
>> **cancer** 캔써	암
>> **mental illness** 멘틀 일니스	정신병
>> **heart attack** 하-트 어택	심장마비
>> **allergy** 앨러지	알레르기
>> **cough** 코-프	기침
>> **sneeze** 스니-즈	재채기
>> **injury** 인저리	상처
>> **pain** 페인	아픔

New Situation English conversation

unit 12
여행하기

01. 비행기 예약하기
02. 탑승수속하기
03. 기내에서
04. 입국 심사
05. 수하물 찾기와 세관 심사 받기
06. 관광지에서
07. 호텔 예약하기
08. 호텔 체크인
09. 호텔 서비스
10. 호텔에서 문제가 생겼을 때
11. 호텔 체크아웃

01. 비행기 예약하기

I'd like to make a reservation for a flight to New York.
- 아이드 **라**잇 투 메이 커 레줘**베**이션 포 러 플**라**잇 투 **뉴**요옥
- 뉴욕으로 가는 비행기를 예약하고 싶습니다.

☞ 7월 10일자 항공편을 예약한다면 뒤에 on July 10th를 붙이면 됩니다.

What day would you like to leave?
- **왓** 데이 우 쥬 라익 투 **리**이브
- 언제 출발하시겠습니까?

☞ 7월 15일에 떠나려고 한다면 I'd like to leave on the 15th of July.로 말하면 되는데 짧게 July 15th.라고 말해도 됩니다.

When will you return?
- **웬** 윌 유 리**터**언
- 언제 돌아오시겠습니까?

☞ What's your return date?라고 해도 비슷한 표현입니다.

Do you want economy class or first class?
- 두 유 원 이**카**너미 클**래**스 오어 **퍼**스트 클**래**스
- 이코노미 클래스와 퍼스트 클래스 중 어느 것을 원하시죠?

☞ 비행기 좌석은 보통 economy class(일반석), business class(일반석과 일등석의 중간), first class(일등석)로 나뉩니다.

Would you like a one-way or a round-trip ticket?
- 우 쥬 **라**익 커 **원**-웨이 오어 어 **라**운드-트립 **티**킷
- 편도표를 원하십니까, 왕복표를 원하십니까?

☞ one-way ticket는 편도표, round-trip ticket는 왕복표를 말합니다.

UNIT 12. 여행하기

How much is the flight?
- 하우 머취 이즈 더 플라이트
- 항공 요금이 얼마입니까?

☞ 어린이 요금을 물어본다면 How much is it for children?으로 말할 수 있습니다.

I'd like to reconfirm my reservation.
- 아이드 라익 투 리컨펌 마이 레줘베이션
- 예약한 것을 재확인하고 싶습니다.

☞ 만약 예약을 변경하고 싶다면 reconfirm 대신 change를, 취소하고 싶다면 cancel을 쓰면 됩니다.

그럼, 말해 볼까요?

A는 항공사에 전화를 걸어 뉴욕으로 가는 비행기를 예약한다.

A_ 뉴욕으로 가는 비행기를 예약하고 싶습니다.
B_ What day would you like to leave?
A_ 7월 15일이요. I'd like a round-trip economy class ticket.
B_ When will you return?
A_ I'd like to return on the 25th of July.

A_ **I'd like to make a reservation for a flight to New York.**
B_ 언제 출발하시겠어요?
A_ **July 15th.** 일반석으로 왕복표 한 장 부탁합니다.
B_ 언제 돌아오시겠어요?
A_ 7월 25일에 돌아올 겁니다.

02. 탑승수속하기

May I see your ticket and passport, please?
메이 **아**이 씨 유어 **티**킷 앤 **패**스폿 플리즈
티켓과 여권을 보여 주시겠습니까?

☞ 무언가를 건네 주면서 '여기 있습니다.'라는 표현은 Here you are.로 말하면 됩니다.

Can you put your baggage up here?
캔 유 풋 유어 배기쥐 업 **히**어
수하물을 여기에 올려 주시겠습니까?

☞ 수하물은 미국에서는 baggage, 영국에서는 luggage를 쓰지만 비행기의 짐이나 배의 짐은 보통 baggage를 씁니다.

Did you pack this baggage yourself?
디 쥬 팩 디스 배기쥐 유어쎌프
이 짐은 당신이 직접 싸신 겁니까?

☞ pack : (여행을 가기 위해 짐 등을) 싸다, 꾸리다

How many bags do you want to check in?
하우 매니 **백**즈 두 유 원 투 **체**크 인
가방은 몇 개나 부치실 겁니까?

☞ check in은 '(비행기 등의) 탑승수속을 하다, (호텔 등에) 투숙하다'라는 뜻이 있지만 '(수하물을) 맡기다'라는 뜻도 있습니다.

Are you carrying any items that may be illegal?
아 유 캐링 애니 **아**이템즈 댓 메이 비 일리걸
불법인 물건이 있습니까?

☞ 위에서 may는 '~일지도 모른다'라는 추측을 나타내므로 may be illegal은 '불법일 수 있는'이라는 의미를 나타냅니다.

UNIT 12. 여행하기

I'd like a window seat, please.
아이드 라이 커 윈도우 씨잇 플리즈
창가 쪽 자리를 부탁합니다.

☞ 창가 쪽 자리는 window seat, 통로 쪽 자리는 aisle seat라고 합니다.

Can I bring this on the plane?
캔 아이 브링 디스 언 더 플레인
이것을 비행기 안에 가져갈 수 있습니까?

☞ 참고로 기내에는 가로 55cm, 세로 40cm, 높이 20cm, 무게 10kg 이내의 물품에 대해서만 반입이 허용됩니다.

그럼, 말해 볼까요?

A는 비행기를 타기 위해 체크인을 한다.

*A*_ 티켓과 여권을 보여 주시겠어요?
*B*_ Here you are.
*A*_ 가방은 몇 개나 부치실 겁니까?
*B*_ I have 4 bags.
*A*_ Are you carrying any illegal items?
*B*_ No.

A_ **May I see your ticket and passport, please?**
B_ 여기 있습니다.
A_ **How many bags do you want to check in?**
B_ 네 개입니다.
A_ 불법인 물건이 있나요?
B_ 아니요.

03. 기내에서

Excuse me, but where is my seat?
익스큐-즈 미 벗 **웨**어 이즈 마이 **씨**잇

실례합니다만, 제 자리가 어디죠?

☞ '내 좌석은 19-C입니다. 어디에 있죠?'라는 말은 My seat number is 19-C. Where is it?로 말하면 됩니다.

Excuse me, but I'm afraid this is my seat.
익스큐-즈 미 벗 아임 어프레이드 디스 이즈 마이 **씨**잇

죄송하지만, 제 자리에 앉으신 것 같은데요.

☞ I'm afraid는 '죄송하다, 유감스럽다'의 뜻으로 유감스러운 말을 전할 때 쓸 수 있는 표현입니다.

Would you mind changing seats with me?
우 **쥬 마**인드 체인징 **씨**잇츠 위드 미

저와 자리를 바꿔 주시겠습니까?

☞ 상대방에게 정중하게 부탁을 하거나 허락을 구할 때 Would you mind ~?로 말할 수 있습니다.

I'd like a glass of orange juice, please.
아이드 **라**이 커 글래스 어브 **오**린쥐 쥬스 플리즈

오렌지 주스 한 잔 주세요.

☞ '~를 주세요.'라는 말은 I'd like ~.라는 표현을 쓰면 됩니다. 참고로 찬 음료는 glass에 담고 더운 음료는 cup에 담는 것이 일반적입니다.

May I have a glass of water, please?
메이 **아**이 해 버 글래스 어브 **워**러 플리즈

물 좀 주시겠어요?

☞ '마실 것은 어떤 것이 있나요?'는 What kind of drinks do you have?로 말할 수 있습니다.

UNIT 12. 여행하기

Could you get me a blanket, please?
- 쿠 쥬 겟 미 어 블랭킷 플리즈
- 담요를 가져다주시겠어요?

☞ 읽을 것이 있는지 물어본다면 Do you have anything to read?라는 표현을 쓰면 됩니다.

Will you show me a brochure for duty-free goods?
- 윌 유 쑈우 미 어 브로슈어 포 듀티-프리 굳즈
- 면세품에 관한 안내책자를 보여 주시겠어요?

☞ 비행기 안에서는 양주, 향수, 화장품, 담배 등과 같은 선물용 제품이나 기호품을 면세된 가격으로 구입할 수 있습니다.

그럼, 말해 볼까요?

비행기에 탑승한 A는 승무원에게 좌석 위치를 묻는다.

A_ 실례합니다만, 제 자리가 어디죠?
B_ Would you show me your boarding pass?
A_ Yes, here you are.
B_ Your seat is on the right side of the plane.
A_ Thank you.

A_ **Excuse me, but where is my seat?**
B_ 탑승권 좀 보여 주시겠습니까?
A_ 예, 여기 있습니다.
B_ 손님 좌석은 비행기 우측에 있습니다.
A_ 감사합니다.

04. 입국심사

May I see your passport, please?
메이 아이 씨- 유어 패스폿 플리-즈
여권 좀 보여 주시겠습니까?

☞ 짧게 Your passport, please.라고 말하기도 합니다.

What's the purpose of your visit?
왓츠 더 퍼퍼스 어브 유어 비짓
방문 목적이 무엇입니까?

☞ '친척을 만나러 왔습니다.'라고 한다면 I'm just visiting my relatives.로 말하면 됩니다.

I'm here for sightseeing.
아임 히어 포 싸잇씨잉
관광차 왔습니다.

☞ '사업차 왔습니다.'라는 말은 I'm here for business.로 말하면 됩니다.

How long do you expect to stay in the USA?
하우 롱 두 유 익스펙 투 스테이 인 더 유에쎄이
미국에서 얼마나 머물 계획입니까?

☞ How long ~?은 '얼마나 ~한가?'라는 뜻으로 기간, 길이 등을 나타낼 때 쓸 수 있는 표현입니다.

How many are there in your party?
하우 매니 아 데어 인 유어 파티
일행이 몇 분입니까?

☞ party는 우리가 알고 있는 파티 외에 '일행, 단체'라는 뜻도 가지고 있습니다.

UNIT 12. 여행하기

How much money do you have with you?
- 하우 머취 머니 두 유 해브 위드 유
- 가지고 있는 돈은 얼마나 됩니까?

☞ how much는 가격이나 비용 등 셀 수 없는 양을 물을 때 쓰이고 셀 수 있는 것을 물을 때에는 how many를 쓰면 됩니다.

Where are you staying?
- 웨어 아 유 스테잉
- 어디에서 머무를 예정인가요?

☞ 쉐라톤 호텔에 3일을 머문다면 I'm staying for 3 days at the Sheraton Hotel.이라고 말하면 됩니다.

그럼, 말해 볼까요?

B는 입국심사대에서 입국 심사를 받는다.

*A*_ 방문 목적이 무엇입니까?
*B*_ I'm just visiting my relatives.
*A*_ 미국에는 얼마나 머무르실 예정인가요?
*B*_ Ten days.
*A*_ Where is your destination?
*B*_ I'll stay in New York.

A_ **What's the purpose of your visit?**
B_ 친척을 만나러 왔습니다.
A_ **How long do you expect to stay in the USA?**
B_ 열흘입니다.
A_ 목적지가 어디인가요?
B_ 뉴욕에 머물 겁니다.

223

05. 수하물 찾기와 세관심사 받기

Where is the baggage claim?
- 웨어 이즈 더 배기쥐 클레임
- 수하물 찾는 곳은 어디입니까?

☞ 공항의 수하물 찾는 곳을 baggage claim이라고 합니다.

I can't find my baggage. Could you help me to find my baggage?
- 아이 캔트 파인드 마이 배기쥐 쿠 쥬 헬프 미 투 파인드 마이 배기쥐
- 제 짐을 찾을 수가 없습니다. 제 짐을 찾는 것을 도와주시겠어요?

☞ 국제공항에는 수하물을 찾는 컨베이어들이 여러 개가 있으므로 타고 온 항공편을 잘 기억하여 자신의 항공편이 표기된 컨베이어로 찾아가야 합니다.

Do you have anything to declare?
- 두 유 해브 애니씽 투 디클레어
- 신고할 것이 있습니까?

☞ 신고할 것이 없다면 I have nothing to declare.라고 하면 됩니다.

Would you show me your customs declaration form?
- 우 쥬 쑈우 미 유어 커스텀즈 데크러레이션 포옴
- 세관 신고서 좀 보여 주시겠어요?

☞ customs declaration : 세관 신고

Would you please put your suitcase on this table?
- 우 쥬 플리-즈 풋 유어 슛케이스 온 디스 테이블
- 가방을 이 테이블 위에 올려놓으시겠습니까?

☞ '이 가방을 열어 보시겠어요?'라는 말은 Would you please open this bag?으로 말할 수 있습니다.

UNIT 12. 여행하기

What are the contents of this package?
- 왓 아 더 컨텐츠 어브 디스 패키쥐
- 이 짐 속의 내용물은 무엇입니까?

☞ 옷과 일상용품만 있다면 Clothes and my personal effects.로 말하면 됩니다.

You have to pay a duty for this whiskey.
- 유 햅 투 페이 어 튜티 포 디스 위스키
- 이 위스키는 세금을 지불하셔야 합니다.

☞ duty는 '의무'라는 뜻이 있지만 물품에 대한 '세금'을 나타낼 때에도 쓰입니다.

그럼, 말해 볼까요?

B는 수하물을 찾은 후 세관 카운터에서 세관 검사를 받는다.

*A*_ 신고할 것이 있습니까?
*B*_ No. I have nothing to declare.
*A*_ 이 짐 속의 내용물은 무엇입니까?
*B*_ Clothes and my personal effects.

A_ **Do you have anything to declare?**
B_ 아니오. 신고할 것이 없습니다.
A_ **What are the contents of this package?**
B_ 옷과 내 일상용품입니다.

225

06. 관광지에서

What's that?
왓츠 댓
저것은 무엇인가요?

☞ 궁금한 것을 물을 때는 What is/are ~?라는 표현을 쓰면 됩니다.

How old is this?
하우 올드 이즈 디스
얼마나 오래된 것입니까?

☞ 언제 지어진 것인지 알고 싶다면 When was it built?로 말할 수 있습니다.

What's that building over there?
왓츠 댓 빌딩 오버 데어
저기에 있는 건물은 무슨 건물인가요?

☞ over there : 저쪽에, 저기에

What was it for?
왓 워즈 잇 포오
무엇을 위해서 지어졌나요?

☞ 어떤 것에 대한 이유나 용도를 물을 때에는 What ~ for?라는 표현을 쓰면 됩니다.
  ex) What is this chart for? (이 도표는 무엇을 나타내는 건가요?)

Where is the gift shop?
웨어 이즈 더 기프트 샵
선물 가게는 어디에 있습니까?

☞ 근처에 한국 식당이 있는지 묻는다면 Is there a Korean restaurant near here?로 말할 수 있습니다.

226

UNIT 12. 여행하기

May I take pictures here?
- 메이 아이 테익 픽춰즈 히어
- 여기에서 사진을 찍어도 됩니까?

☞ 우리 사진 좀 찍어 달라고 부탁하는 표현은 Would you please take a picture of us? 라고 하면 됩니다.

May I take a picture of you?
- 메이 아이 테이 커 픽춰 어브 유
- 당신 사진을 찍어도 되겠습니까?

☞ 미주 지역이나 유럽 사람들은 카메라에 대해 비교적 관대한 편이지만 회교권 사람들은 사진 찍히는 것을 싫어하므로 조심하는 것이 좋습니다.

그럼, 말해 볼까요?

A는 B에게 주위에 있는 건물에 대해 물어본다.

A_ 저기에 있는 건물은 무슨 건물이죠?
B_ It's the Jefferson Memorial. It is dedicated to Thomas Jefferson, the third president of the United States.
A_ The scenery here is beautiful. 여기에서 사진을 찍어도 되나요?
B_ Sure.

A_ **What's that building over there?**
B_ 제퍼슨 기념관입니다. 미국 3대 대통령인 토마스 제퍼슨을 기념하기 위해 만든 곳입니다.
A_ 여기 경치가 정말 좋군요. **May I take pictures here?**
B_ 그럼요.

☞ dedicate : 봉납하다, 헌납하다

07. 호텔 예약하기

Can I reserve a room?
캔 아이 리저브 어 루움
방을 하나 예약할 수 있습니까?

☞ 호텔을 예약할 때에는 직접 현지 호텔로 연락해서 예약할 수도 있으나 여행사나 사이트상의 대행사를 통해 예약하는 것이 더 손쉽고 저렴합니다.

I'd like to make a reservation from the 14th to the 16th.
아이드 라익 투 메이커 레줘베이션 프럼 더 포틴쓰 투 더 씩스틴쓰
14일에서 16일까지 예약을 하고 싶습니다.

☞ from A to B : A에서 B까지

What date would you like to make your reservation?
왓 데잇 우 쥬 라익 투 메이 큐어 레줘베이션
며칠로 예약을 해 드릴까요?

☞ 만약 모든 방이 다 예약이 됐다면 We're fully booked for now.로 말할 수 있습니다.

What kind of room would you like?
왓 카인 더브 루움 우 쥬 라익
어떤 방을 원하십니까?

☞ '어떤 ~를 원하세요?'는 What kind of ~ would you like?라는 표현을 쓰면 됩니다.

I'd like a single room, please.
아이드 라이 커 씽글 루움 플리즈
싱글 룸을 부탁합니다.

☞ single room은 침대가 하나 있는 방이고 twin room은 싱글 침대가 두 개 있는 방을 말합니다. double room은 부부나 연인이 사용하는 방으로 더블 침대가 하나 있습니다.

UNIT 12. 여행하기

I'd like a room with a view.
아이드 라이 커 룸 위드 어 뷰우
전망이 좋은 방으로 주세요.

☞ 인터넷이 되는 방을 원한다면 I'd like a room with an internet connection.으로 말할 수 있습니다.

What's the charge per night?
왓츠 더 차아쥐 퍼 나잇
하룻밤 요금이 얼마입니까?

☞ charge는 가격이나 요금을 뜻하는 단어인데 특히 일을 하는 데 드는 시간, 또는 노력에 대해 지불하는 금액을 말합니다.

 그럼, 말해 볼까요?

A는 전화로 호텔 객실을 예약한다.

*A*_ 예약을 하고 싶습니다.
*B*_ What date would you like it, sir?
*A*_ I'd like it from July 25th to July 27th.
*B*_ What kind of room would you like?
*A*_ A double room, please. 하룻밤에 얼마죠?
*B*_ It's $200 per night.

A_ **I'd like to make a reservation.**
B_ 며칠부터 예약을 하실 건가요, 손님?
A_ 7월 25일부터 27일까지요.
B_ 어떤 방을 원하십니까?
A_ 더블 룸을 부탁합니다. **What's the charge per night?**
B_ 하루 묵으시는 데 200달러입니다.

229

08. 호텔 체크인

- **My name's Junho Lee. I have a reservation.**
- 마이 네임즈 준호 리 아이 해 버 레줘베이션
- 제 이름은 이준호입니다. 예약을 했습니다.

☞ 호텔에 도착하여 프런트에서 등록카드를 작성하고 방 열쇠를 받아 방으로 가는 것을 체크인(check-in)이라고 합니다.

- **Could you fill out this form, please?**
- 쿠 쥬 필 아웃 디스 포옴 플리즈
- 이 양식을 작성해 주시겠습니까?

☞ fill out : 기입하다, 작성하다

- **Your room number is 505 on the fifth floor.**
- 유어 룸 넘버 이즈 파이브오우파이브 언 더 핍쓰 플로어
- 손님의 방 번호는 5층 505호입니다.

☞ 방 열쇠를 줄 때에는 Here are your keys.라고 말하면 됩니다.

- **I don't have a reservation. Do you have any vacancies?**
- 아이 돈 해 버 레줘베이션 두 유 해브 애니 베이컨씨즈
- 예약을 하지 않았는데, 빈방이 있습니까?

☞ 여기에서 vacancy는 '빈방'을 나타내는데 '빈자리', 또는 '결원, 공석'을 나타낼 때에도 이 표현을 쓸 수 있습니다.

- **Do you have a room available tonight?**
- 두 유 해 버 룸 어베이러블 터나잇
- 오늘 밤 이용 가능한 방이 있습니까?

☞ 만약 예약을 하지 못했더라도 방만 있으면 호텔에 묵을 수 있습니다. 그러나 밤에는 위험할 수 있으므로 가능하면 낮에 호텔을 구하는 것이 좋습니다.

UNIT 12. 여행하기

I'm going to stay for two days.
- 아임 고잉 투 스테이 포 투 데이즈
- 이틀 동안 숙박할 예정입니다.

☞ 방을 먼저 보여달라고 한다면 Can I see the room first?로 말하면 됩니다.

Are there any hotels nearby?
- 아 데어 애니 호텔즈 니어바이
- 근처에 다른 호텔이 있습니까?

☞ 근처에 있는 다른 호텔을 추천해 달라고 한다면 Could you recommend another hotel nearby?로 말하면 됩니다.

그럼, 말해 볼까요?

호텔을 예약한 B는 호텔 프런트에서 체크인을 한다.

*A_* Good evening, sir. May I help you?
*B_* Good evening. **제 이름은 이준호입니다. 예약을 했습니다.**
*A_* Oh, yes. Here it is. Please fill out this form.
*B_* OK. Here you are.
*A_* Thank you, sir. Your room number is 505 on the 5th floor. Here are your keys.

A_ 안녕하세요. 무엇을 도와드릴까요?
B_ 안녕하세요. **My name's Junho Lee. I have a reservation.**
A_ 아, 예. 여기 있군요. 이 양식을 작성해 주세요.
B_ 알겠습니다. 여기 있어요.
A_ 감사합니다. 손님. 손님의 방은 5층 505호실입니다. 여기 키 있습니다.

09. 호텔 서비스

Is room service available now?
이즈 룸 써비스 어베이러블 나우
지금 룸서비스를 이용할 수 있습니까?

☞ 룸서비스 전화번호를 묻는다면 What number do I call for room service?라고 표현할 수 있습니다.

I'd like to order two bottles of beer.
아이드 라익 투 오더 투 바틀즈 어브 비어
맥주 2병을 주문하고 싶습니다.

☞ '505호실입니다.'라는 표현은 This is room 505.로 말하면 됩니다.

Could I have breakfast in my room?
쿳 아이 해브 브랙퍼스트 인 마이 룸
제 방으로 아침을 가져다주시겠습니까?

☞ 호텔 객실 내에서 식사를 하고 싶다면 룸서비스를 이용하면 되는데 식당에서 먹는 것보다 보통 10~25% 정도 비쌉니다.

I didn't get the breakfast that I asked for 30 minutes ago.
아이 디든 겟 더 브랙퍼스트 댓 아이 애스크트 포 떠리 미닛츠 어고우
30분 전에 부탁한 아침 식사가 아직 안 왔습니다.

☞ 주문한 것이 얼마나 걸릴 지 물어본다면 How much longer will my order take?로 말 할 수 있습니다.

Would you give a wake-up call at six tomorrow morning?
우 쥬 기 버 웨이-컵 콜 앳 씩스 터모로우 모닝
내일 아침 6시에 모닝콜을 해 주시겠습니까?

☞ 호텔에서 투숙한 사람에게 지정한 시간에 깨워 주는 서비스를 우리는 모닝콜이라고 하는데 정확한 영어 표현은 wake-up call입니다.

UNIT 12. 여행하기

Would you clean my room while I'm out?
- 우 쥬 클린 마이 **루**움 와일 아임 **아**웃
- 외출해 있는 동안 제 방을 청소해 주시겠습니까?

☞ 세탁할 것이 있이 있으면 I have some laundry I need done.으로 말하면 됩니다.

I'd like to deposit my valuables.
- 아이드 **라**익 투 디**파**짓 마이 **밸**류어블즈
- 귀중품을 보관하고 싶습니다.

☞ deposit : 맡기다   valuables : (보통 복수로) 귀중품

그럼, 말해 볼까요?

B는 룸서비스로 전화를 해서 맥주 2병을 주문한다.

*A*_ Room service. May I help you?
*B*_ Yes. This is room 505. **맥주 2병을 주문하고 싶습니다.**
*A*_ Certainly, sir. Would you like anything else?
*B*_ Yes. I need some more towels.

A_ 룸서비스입니다. 뭘 도와드릴까요?
B_ 예. 505호실입니다. **I'd like to order two bottles of beer.**
A_ 알겠습니다, 손님. 더 필요한 게 있으신가요?
B_ 예. 수건이 더 필요합니다.

 **10. 호텔에서 문제가 생겼을 때**

The air conditioner doesn't work.
디 에어컨디셔너 더즌 워어크
에어컨이 작동하지 않습니다.

☞ '~이 고장이다'라고 할 때에는 ~ is out of order., 또는 ~ doesn't work.라는 표현을 쓸 수 있습니다.

The power is off.
더 파워 이즈 어프
전기가 나갔습니다.

☞ 여기서 off는 형용사로 '(전기나 수도, 가스 등이) 끊긴'의 뜻을 나타냅니다.

I don't have enough towels in my room.
아이 돈 햅 이너프 타월즈 인 마이 루움
방에 수건이 충분하지 않습니다.

☞ I don't have any hot water.라고 하면 '더운 물이 안 나온다.'는 뜻입니다.

The toilet doesn't flush well.
더 토일릿 더즌 플러쉬 웨엘
화장실 물이 잘 내려가지 않습니다.

☞ 욕실 배수관이 고장 났으면 The bathroom drain doesn't work.로 말하면 됩니다.

I'm locked out of the room.
아임 락트 아웃 어브 더 루움
열쇠를 방에다 놓고 문을 잠가 버렸어요.

☞ 열쇠를 잃어버렸다면 I lost my key.라고 하면 됩니다.

UNIT 12. 여행하기

My bag was stolen.
- 마이 백 워즈 스톨른
- 제 가방을 도둑맞았어요.

☞ 가방에 귀중품이 있었다면 My valuables were in it.로 말할 수 있습니다.

I'd like to report a theft.
- 아이드 라익 투 리포트 어 쎄프트
- 도난 신고를 하려고 합니다.

☞ 절도는 theft로 표현하고 협박, 폭력을 사용하는 강도는 robbery라고 합니다.

그럼, 말해 볼까요?

호텔에 묵고 있는 B는 객실의 에어컨이 작동하지 않자 수리를 부탁한다.

*A*_ Hello. How can I help you?
*B*_ This is room 505. There's a problem with my room.
*A*_ What seems to be the problem, sir?
B_ 에어컨이 작동하지 않습니다.
*A*_ I'm sorry. I'll have it looked after right away.

A_ 여보세요. 무엇을 도와드릴까요?
B_ 505호실입니다. 제 방에 좀 문제가 있습니다.
A_ 무슨 문제가 있으신가요, 손님?
B_ **The air conditioner doesn't work.**
A_ 죄송합니다. 바로 고칠 수 있도록 하겠습니다.

11. 호텔 체크아웃

I'd like to check out.
아이드 라익 투 첵 아웃
체크아웃을 하고 싶습니다.

☞ 호텔에서 투숙이 끝나 요금을 지불하고 나가는 것을 체크아웃(check-out)이라고 합니다.

I'm checking out. I'd like my bill.
아임 체킹 아웃 아이드 라익 마이 비일
체크아웃을 하려고 합니다. 계산서를 주세요.

☞ 계산서를 부탁하는 표현은 I'd like to take care of my bill., Please make out my bill. 등이 있습니다.

Can I pay by credit card?
캔 아이 페이 바이 크레딧 카드
신용카드로 계산해도 됩니까?

☞ 여행자 수표로도 계산할 수 있는지 묻는다면 Do you accept traveler's checks?로 말하면 됩니다.

I don't think this is the right total.
아이 돈 띵크 디스 이즈 더 라잇 토우틀
총 액수가 맞지 않는 것 같습니다.

☞ '금액이 너무 많이 나왔어요.'는 You charged me too much.로 말할 수 있습니다.

Could you explain these charges to me?
쿠 쥬 익스플레인 디-즈 챠아쥐즈 투 미
이 요금에 대해서 설명을 해 주시겠어요?

☞ 계산서를 보면서 '이 서비스는 받지 않았어요.'라는 말은 I didn't get this service.로 말하면 됩니다.

UNIT 12. 여행하기

I'd like to stay two more days if possible.
아이드 라익 투 스테이 투 모어 데이즈 이프 파서블
가능하다면 이틀 더 머무르고 싶습니다.

☞ if possible : 가능하다면

I'd like to leave a day earlier.
아이드 라익 투 리-브 어 데이 어얼리어
하루 일찍 떠나고 싶습니다.

☞ 하루 더 방을 사용해도 되는지 물을 때에는 Can I keep my room for one more day? 로 말할 수 있습니다.

 그럼, 말해 볼까요?

B는 호텔에서의 일정을 끝내고 체크아웃을 한다.

*A*_ Good morning. How can I help you?
*B*_ My name's Junho Lee in room 505. **체크아웃을 하고 싶습니다.**
*A*_ Just a moment, please. Your total comes to $200, including tax. Will you pay by credit card?
*B*_ Yes. Here's my card.
*A*_ Thank you. I hope you enjoyed your stay.

A_ 안녕하세요. 뭘 도와드릴까요?
B_ 505호실 이준호입니다. **I'd like to check out.**
A_ 잠시만 기다리세요. 계산하실 금액이 세금 포함해서 200달러입니다. 신용카드로 계산하실 건가요?
B_ 예. 카드 여기 있습니다.
A_ 감사합니다. 즐거운 숙박이 되셨기를 바랍니다.

테마별 생활 영단어

여행 · 관광에 관한 단어 – 1

>> airlines 에어라인즈	항공사
>> airline ticket 에어라인 티킷	항공권
>> first class 퍼스트 클래스	일등석
>> business class 비지니스 클래스	이등석
>> economy class 이카노미 클래스	일반석
>> round-trip ticket 라운드-트립 티킷	왕복권
>> one-way ticket 원-웨이 티킷	편도권
>> direct flight 디렉트 플라잇	직항편
>> airfare 에어페어	항공 요금
>> confirm 컨펌	확인하다
>> reconfirm 리컨펌	재확인하다
>> change 체인쥐	변경하다
>> cancel 캔슬	취소하다
>> flight number 플라잇 넘버	항공편 번호
>> boarding pass 보딩 패스	탑승권
>> boarding time 보딩 타임	탑승 시간
>> claim tag 클레임 택	수하물 인환증

테마별 생활 영단어

여행 · 관광에 관한 단어 – 2

>> tour 투어	관광
>> bus tour 버스 투어	버스 관광
>> tourist 투어리스트	관광객
>> tourist information office 투어리스트 인포메이션 오피스	관광 안내소
>> visitor's guide 비지터즈 가이드	관광 안내서
>> full day tour 풀 데이 투어	하루 관광
>> half day tour 해프 데이 투어	반나절 관광
>> guide 가이드	안내인
>> fellow traveler 펠로우 트래블러	일행
>> gathering 개더링	집합
>> rest 레스트	휴식
>> free time 프리 타임	자유 시간
>> downtown 다운타운	번화가
>> excursion boat 익스커전 보옷	유람선
>> view 뷰	경치
>> amusement park 어뮤즈먼 파크	유원지
>> historic sites 히스토릭 싸잇츠	역사 유적지

테마별 생활 영단어

호텔에 관한 단어

>> **check-in** 체크인	입실
>> **check-out** 체카웃	퇴실
>> **vacancy** 베이컨씨	빈방
>> **room number** 룸 넘버	방 번호
>> **baggage cart** 배기쥐 카트	짐수레
>> **porter** 포러	포터
>> **reception** 리셉션	접수
>> **registration card** 레쥐스트레이션 카드	숙박 카드
>> **restaurant charge** 레스터런트 차쥐	식사 요금
>> **service charge** 써비스 차쥐	봉사료
>> **room rate** 룸 레잇	숙박 요금
>> **bill** 빌	청구서
>> **single room** 씽글 룸	1인실
>> **twin room** 트윈 룸	2인실
>> **double room** 더블 룸	2인실(침대 1개)
>> **triple room** 트리플 룸	3인실
>> **suite** 스위트	특실